BIG BANG BABY

Éditions Eyrolles
61, bd Saint-Germain
75005 Paris
www.editions-eyrolles.com

Illustrations : Shutterstock /Ohn Mar p. 12; /ArtParnyuk p. 13; /Random Illustrator (picto mégaphone); /art of line p. 120; /pikepicture p. 121; /o_m-lova (picto poussette); /afife melisa gonceli p. 12, 42, 88, 89, 167; /artnLera p. 12, 43, 120.
Mise en pages : PCA
Relecture/correction : Muriel Galichet et Caroline Puleo

Depuis 1925, les éditions Eyrolles s'engagent en proposant des livres pour comprendre le monde, transmettre les savoirs et cultiver ses passions ! Pour continuer à accompagner toutes les générations à venir, nous travaillons de manière responsable, dans le respect de l'environnement. Nos imprimeurs sont ainsi choisis avec la plus grande attention, afin que nos ouvrages soient imprimés sur du papier issu de forêts gérées durablement. Nous veillons également à limiter le transport en privilégiant des imprimeurs locaux. Ainsi, 89 % de nos impressions se font en Europe, dont plus de la moitié en France.

ISBN : 978-2-416-01112-2

ÈVE SIMONET

BIG BANG BABY

FATIGUE, HÉRITAGES FAMILIAUX, CONDITIONNEMENTS…

COMPRENDRE ET SURMONTER CE QUE VOUS RESSENTEZ QUAND L'ARRIVÉE DE BÉBÉ REBAT TOUTES LES CARTES DANS VOS RELATIONS

Éditions EYROLLES

SOMMAIRE

INTRODUCTION

Une étude de Qare, datant de 2022, démontre que 78 % des nouveaux parents vivent mal le post-partum. Un chiffre corroboré par beaucoup d'autres sondages menés par des initiatives privées ou associatives. J'ai moi-même réalisé une étude sur plus de 8 000 mères, et le résultat reste le même.

En réalité, sur le terrain, on le savait bien. Durant mes trois années de travail sur ce sujet, je suis allée à la rencontre de centaines de parents, que ce soit dans le cadre du tournage ou de la tournée de projections. J'ai également échangé quotidiennement sur Instagram avec des dizaines de mères qui me disent toutes la même chose : l'entrée dans la parentalité a été violente, intense, décevante et, surtout, un changement de paradigme est nécessaire.

Les données récoltées permettent de légitimer notre constat personnel. Maintenant, on ne peut plus faire comme si tous ces témoignages n'étaient que de vagues complaintes de mères indignes.

Je crois beaucoup dans ce changement de paradigme parce que je pense qu'il n'est pas impossible à mettre en place. L'objectif est atteignable. À savoir que ce chiffre de 78 % soit réduit à néant, ou presque.

Il me paraît désormais très clair qu'il s'agit là d'un travail d'éducation, mais aussi de transmission et de guérison. Une grande partie de la souffrance des mères vient du fait qu'elles découvrent l'expérience de la maternité avec une image complètement faussée de celle-ci. Nous sommes victimes d'un véritable lavage de cerveau depuis notre plus tendre enfance, biberonnées à la douce chanson que la maternité allait être innée et, surtout, qu'elle nous ferait nous sentir entières. C'est un leurre.

Nous avons également un grand besoin de pouvoir nous représenter cette période, et spécifiquement le post-partum immédiat. Il faut avoir déjà vu des corps post-accouchement, avoir conscience du sang, des seins qui quadruplent, de la peau du ventre qui devient flasque pour ne pas être en état de choc quand cela nous arrive.

Et, enfin, il faut une véritable volonté politique pour rétablir une justice pour les mères et les pères qui veulent élever leurs enfants dans la joie et non plus dans l'adversité du quotidien.

Je ne prétends pas régler cet immense problème sociétal avec ce livre. En revanche, j'espère participer à la révolution qui est en train de se produire actuellement, celle de l'intime. Les mères se confient, dans le but de transmettre ce qu'elles auraient aimé savoir avant, à celles et ceux qui en font l'expérience ou la vivent conjointement.

La transmission, c'est ce qui nous a fait défaut si longtemps, comme un héritage perdu. À nous, mais aussi à nos mères, à nos grands-mères et à toutes celles qui nous ont précédées. Pendant si longtemps, parler de soi, de son corps, livrer ses pensées était perçu comme quelque chose de malsain et d'interdit. Cette erreur de jugement aura causé bien des souffrances et des existences brisées.

Transmission vient du latin *transmissio* qui signifie «trajet, traversée, passage». J'aime cette définition. La vie est un voyage jalonné de moments heureux et parfois si difficiles. Mais qu'est-ce qui rend ce voyage confortable, si ce n'est l'opportunité d'être entourée, écoutée, comprise et aimée?

Et c'est le premier pas que d'ouvrir nos cœurs que l'on a pourtant bien trop appris à fermer. S'ouvrir à l'autre, s'ouvrir à soi.

Avec ce livre, j'espère vous encourager à commencer une grande introspection. Parce que c'est exactement ce que devenir mère ou père aura comme effet sur vous. Si vous avez un projet bébé, j'espère vous faire gagner un temps précieux en vous montrant les aspects qui vont être challengés à la naissance de l'enfant. Si vous êtes déjà parents, j'espère que ces mots vous permettront de mieux vous comprendre, et peut-être même de vous réparer.

Chapitre 1

UNE NOUVELLE RENCONTRE AVEC SOI

J'ai mis ce qui m'a semblé une éternité à mettre des mots sur ce que le fait de devenir mère a changé au fond de moi. La première année de post-partum, j'ai très vite pu constater les changements et les chocs physiques que cette naissance avait provoqués. J'ai compris dans la douleur que n'avoir jamais vu de corps en post-partum avant le mien avait eu une conséquence très néfaste : celle de m'avoir fait croire que ce corps n'existait pas.

J'ai grandi en pensant que la mise au monde d'un bébé n'avait aucune incidence par la suite. Je tiens pour responsables les éditeurs de magazines féminins que je consommais en grande quantité dans ma jeunesse. Nous étions dans les années 2000 et l'heure d'Instagram et du mouvement *body positive*[1] n'avait pas encore sonné.

1. Le mouvement « body positivisme » est une initiative sociale et culturelle axée sur la promotion de l'acceptation de soi et de l'estime de soi, indépendamment de la forme corporelle, de la taille, de l'apparence physique ou des normes traditionnelles de beauté. Il vise à défier les stéréotypes et les normes irréalistes imposés par les médias et la société.

De même, j'ai vite constaté que l'allaitement, par exemple, que l'on m'avait présenté comme quelque chose de naturel – sous-entendu physiologique, donc inné – était pour moi tout sauf facile, voire extrêmement difficile.

Depuis quelques mois, et notamment grâce au mouvement #monpostpartum initié par Masha Sacré, Morgane Koresh, Illana Weizman et Ayla Linares, les mœurs ont beaucoup évolué quant à l'information sur le post-partum immédiat. Les langues se sont déliées grâce aux femmes courageuses qui ont osé remettre la sacro-sainte maternité en question sur les réseaux sociaux; elles ont su clamer haut et fort que les premiers mois de post-partum sont souvent plus proches du chaos que de l'idylle.

COMPRENDRE L'IMPACT PSYCHOLOGIQUE ET PHYSIQUE D'UNE NAISSANCE

Je ne m'attarderai pas sur la question du post-partum immédiat puisque je la traite dans *La naissance d'une mère* (Mango Society, 2023), mon premier livre tiré de mon documentaire *Post-partum*.

Ce qui m'intéresse ici, et ce qui est beaucoup moins évoqué, c'est l'impact psychologique d'une naissance : ce qu'elle va provoquer dans notre tête, dans notre cœur, dans notre couple et dans notre famille, ainsi que dans notre relation aux autres.

Il faut un certain temps avant de pouvoir comprendre ce qui se joue pendant cette grande période de réaménagement psychique. Il faut du recul, beaucoup. Personnellement, il m'aura fallu de nombreuses lectures, de nombreuses heures à parler avec d'autres mères et professionnelles du sujet.

C'est presque impossible de saisir vraiment l'étendue de notre transformation en temps réel, puisque tout est mouvant.

CHANGEMENT DE CORPS

Mon fils Ferdinand a désormais deux ans et demi et j'ai à présent le sentiment de redevenir vraiment entière. Pendant de longs et douloureux mois, j'ai seulement eu l'impression de m'être perdue, d'avoir été fractionnée dans mon identité. Je ne pouvais pas réellement mettre des mots sur ce que je ressentais, je me souviens juste de regarder mon reflet dans le miroir et de me demander qui pouvait bien être cette personne.

Mon corps ne m'appartenait plus, il appartenait à Ferdinand. Mes réactions étaient en totale contradiction avec ce qu'elles avaient toujours été. Je me sentais imprévisible et je ne savais ni communiquer ni vivre avec la personne que j'étais devenue. À mon sens, on sous-évalue l'impact d'une grossesse et d'un post-partum sur le corps d'une femme. Pour ma part, je garde un très gros choc, celui d'habiter un corps que je ne reconnaissais pas. Je pense aussi que j'ai manqué de bienveillance, envers moi-même déjà, mais également de la part de mon entourage, et même de la société. J'imagine que dans un monde idéal on ne m'aurait pas fait sentir, ou même dit en face, qu'il fallait que je retrouve mon poids d'avant-grossesse. J'ai vraiment de la peine pour la jeune mère que j'étais et qui venait d'accoucher. J'ai envie de la prendre dans mes bras et de lui faire un câlin en lui disant qu'elle vient de faire une chose si belle et extraordinaire qu'elle n'a pas une minute à perdre à se sentir mal parce qu'elle ne correspond plus aux standards de beauté.

J'aurais aimé avoir cet aplomb et cette confiance en moi que j'ai aujourd'hui afin que ces kilos, cette cellulite et ces vergetures ne me minent pas le peu d'espace mental qu'il me restait à l'époque.

PERTE D'IDENTITÉ PSYCHOLOGIQUE

Et si le changement de corps a été un vrai choc dans mon entrée dans la maternité, que dire à propos du changement d'identité psychologique. Je remarque que cet aspect est d'autant plus passé sous silence.

Et pour cause, je comprends que la tâche soit difficile, dans notre société patriarcale, de parler de cette période aussi vaporeuse que personnelle. Le monde intime des femmes reste aujourd'hui encore un territoire quasi inexploré.

De mon point de vue, nous ne sommes qu'aux balbutiements de la compréhension de ce qui se passe dans le cerveau d'une jeune mère. Nous n'avons pas encore toutes les clés pour analyser en profondeur ce qu'il nous arrive à cette étape de notre vie.

Rappelons tout de même qu'avant 2020 et le hashtag *#monpost-partum*, on ne montrait pas les corps post-accouchement, et encore moins les récits cinglants des mères. Il est à mon sens propre à chaque génération de se croire en accord avec son temps, de se sentir plus éclairée que la génération précédente. Cependant, je crois aussi qu'il faut retrouver le sens des réalités, et prendre la mesure du chemin et du travail qu'il nous reste à effectuer.

Tant que l'on n'aura pas compris en profondeur l'étendue des conséquences psychologiques qu'une naissance peut avoir, tant qu'on ne permettra pas aux mères de s'exprimer sur cette période, et surtout de la transformer, on passera à côté d'une étape de développement cruciale de la vie humaine.

L'entrée dans la maternité peut en effet transformer une vie et provoquer la rencontre de «soi» pour la première fois. Pour ma part, c'est le sentiment que j'ai eu et qui m'habite encore.

La question philosophique «qui suis-je?» nous traverse toutes et tous, et ce depuis la nuit des temps. Je pense que nous sommes en quête perpétuelle de notre identité et de notre définition de nous-mêmes. Nous avons besoin de comprendre notre psychisme pour fonctionner en tant qu'êtres humains. Nous commençons cette quête très jeune, et elle ne se finit, en réalité, jamais. On passe notre vie à tenter de nous définir et à esquisser les contours de ce que nous sommes. On passe notre vie à essayer de nous comprendre et de comprendre les personnes qui nous entourent.

Car, quoi que l'on en dise, la beauté de la vie se trouve dans notre relation à nous-mêmes et aux autres. Tout l'argent, tous les biens matériels ne pourront pas nous donner la satisfaction de vivre pleinement sans avoir une profonde estime de nous-mêmes et sans relations harmonieuses.

Cette quête de soi et de relations aux autres commence très tôt, déjà quand l'enfant de deux ans s'affirme dans sa personnalité face à ses parents pendant le fameux *terrible two* puis durant toute notre vie. Mais il y a des périodes qui vont venir façonner l'identité, la bouleverser, la remettre en question. Ces moments de chamboulement sont précieux : souvent difficiles, ils sont toutefois annonciateurs d'une potentielle grande évolution, si tant est que l'on ait quelques clés pour s'en servir comme tremplin.

UNE SECONDE « ADOLESCENCE »

Une des grandes périodes de modifications structurelles de l'identité que nous connaissons toutes et tous est l'adolescence. Notre corps, notre cerveau, notre conscience de nous-mêmes évoluent et une mue s'effectue.

Une autre période, que vous ne connaissez peut-être pas, est la « matrescence ». Ce terme, théorisé par la psychiatre Alexandra Sacks, est une contraction des mots « maternité » et « adolescence ».

« Vous souvenez-vous du moment où vous vous sentiez sous l'emprise de vos hormones et de mauvaise humeur? Votre peau bourgeonnait, votre corps se développait en des endroits étranges et à toute allure, et en même temps les gens attendaient de vous que vous deveniez adulte à votre façon. Adolescents, c'est ça ? Eh bien, ces mêmes changements arrivent à une femme lorsqu'elle a un bébé. Bien que l'on sache qu'il est normal pour les adolescents de se sentir dans tous leurs états, pourquoi ne parle-t-on pas de la grossesse de la même manière[2] ? »

L'arrivée du premier enfant va provoquer chez la femme un bouleversement émotionnel et physique du même ordre que celui de l'adolescence.

Comme pour l'adolescence, chaque personne le vivra différemment. Plus ou moins intensément, plus ou moins consciemment. Pour certaines personnes, comme pour moi, cette période sera « la plus grande claque de toute leur vie », et pour d'autres seulement une petite secousse sans grands impacts. Tout dépend aussi de là où vous êtes prêt·e·s à aller : parce que, comme dans toute crise identitaire, il y aura des résistances, des moments de doute et de sentiment de perdition. Et le guide qui a toujours raison dans cette tempête, c'est votre intuition. Malheureusement, on ne nous a que très peu appris à avoir confiance en nous-mêmes et à savoir écouter la petite voix qui parle en nous. On l'a fait taire, depuis l'enfance. Mais elle est toujours là, toujours présente, et il faut réapprendre à l'écouter.

Il y a des personnes qui sont réticentes au changement, généralement par peur. La routine quotidienne, en quelque sorte, rassure. Mais avoir le courage de plonger dans ce changement, c'est se donner l'opportunité de grandir et d'évoluer vers un nouveau stade de sa vie.

« Je me suis rendu compte que je voulais être mère pour être essentielle à quelqu'un. Je voulais être mère pour être indispensable et, au final, je voulais être mère pour avoir un

---

2. Alexandra Sacks, « Une nouvelle façon de penser la transition vers la maternité », intervention Tedx, 2018.

but dans la vie. Le problème, c'est que ce soit une obligation pour vivre. En fait, clairement, je voulais être mère pour combler un vide que j'avais eu l'habitude de combler avec la nourriture, avec l'alcool, avec des relations toxiques… Il y avait un manque, un espace qui était vide et qui ne se comblait pas. Je pense que je m'étais raconté l'histoire depuis petite : au-delà de vouloir être mère ou de vouloir un enfant, le premier truc qu'on regarde, c'est d'avoir un bébé. Un bébé qui sent bon dans le cou, à la peau douce… En tout cas, pour moi, je me suis vraiment rendu compte de cette envie-là : le bébé qui arrive est un produit, il est là pour répondre à un besoin de consommation du procréateur, il est là pour satisfaire ses besoins, ses désirs ; et puis c'est tout. Ce que j'ai remarqué, c'est que le bébé te donne exactement ce que tu souhaites. Je voulais être indispensable, et j'ai été indispensable, pour le coucher, pour les nuits, pour la nourriture… Au final, ce dont je rêvais, c'est devenu ce que je détestais.

KARINE

UN NOUVEAU RÔLE

Donner naissance à un enfant, ce n'est pas juste une charge logistique comme nous pouvons l'imaginer lorsque nous attendons notre premier bébé. C'est également redéfinir notre identité à travers ce rôle de mère ; c'est relire toute notre histoire dans les yeux de notre enfant ; c'est redéfinir nos priorités, nos engagements, nos relations ; c'est voir le monde d'une manière totalement différente.

Le danger est aussi de nous perdre dans notre rôle de mère et de nous définir uniquement à travers cela. C'était notamment le cas de beaucoup de femmes des générations précédentes puisque c'était l'unique place qu'on leur réservait. Nous aurons l'occasion d'en parler plus longuement dans le troisième chapitre.

Aujourd'hui, cela concerne encore beaucoup d'entre nous. Je trouve que c'est lorsque l'on comprend qu'être mère n'est qu'un rôle, que l'on arrive à s'épanouir pleinement. En revanche, ce rôle de mère peut opérer une transformation de l'identité très forte et venir bousculer, mélanger tout ce que l'on avait en tête. De fait, l'arrivée d'un enfant va agir comme un puissant catalyseur. Si l'on possède toutes les clés, il sera alors possible de s'en servir comme tremplin, comme pour passer à une nouvelle version de son identité.

> La maternité a été un tel chamboulement, changement dans ma vie, que ça a remis en question un peu tout en fait, plein de choses : comment je voulais travailler, qui je voulais être, comment j'avais envie d'élever mes enfants, quelles valeurs… Donc ça m'a demandé aussi d'être claire avec ce que je voulais pour moi avant tout. Et c'est propre à moi, mais je pense que j'ai vécu chaque enfantement, chaque maternité, comme un tremplin spirituel. Quand je dis spirituel, c'est vraiment dans le sens de « Qui suis-je ? Quelle est ma mission ici ? », au sens large.
>
> **AMINA**

> Lorsque je suis devenue mère, tout ce que j'étais avant n'existait plus. J'étais devenue « la maman de ». Je n'arrivais pas à faire le deuil de ma vie d'avant.
>
> **MANUELLE SPINELLA, CHERCHEUSE**

L'HEURE DE L'INTROSPECTION

À la naissance de mon fils, passer de fille à mère a provoqué chez moi une très forte crise existentielle, même si cela peut paraître un grand concept, des mots forts. J'ai mis de longs mois avant de comprendre tout cela. Quand Ferdinand est né et que les premiers mois se sont écoulés, j'avais juste l'impression d'être vide, seule et éparpillée.

Cette crise s'est manifestée par la perte de tous mes repères. C'était un sentiment désagréable d'insécurité, d'inconfort, de doute : ne plus avoir aucune certitude sur qui j'étais, ce que je voulais, ce qui m'animait. Je ressentais un sentiment de perte énorme de mon identité, et celui de ne pas être à la bonne place, de ne pas réussir à être une bonne mère et à profiter de cette maternité « comme j'aurais dû ».

Je pense qu'une de mes anciennes réactions aurait été de fuir très vite ce problème. La spécificité de cette histoire personnelle, c'est que j'étais clouée à domicile à cause d'un post-partum difficile et de la Covid-19. Fuir n'était pas une option. Après avoir vainement tenté de mettre sous le tapis ce gros souci, je n'ai pas eu d'autre choix que de le regarder en face et de m'en faire un ami.

Être la maman d'un petit être m'a donné le courage, la force pour opérer ces changements difficiles, car le sentiment de devoir être un modèle pour lui n'a fait que grandir et s'intensifier.

Si je ne montre pas l'exemple à ce petit être, alors qui s'en chargera ? Si je ne suis pas capable de m'écouter, de m'accepter, alors comment puis-je lui enseigner ?

Cette grande prise de conscience m'a menée à la découverte de ma vraie personnalité. Qui suis-je ? Qui ai-je envie d'être ? Quel est mon rôle ici ? Quel modèle je veux donner à Ferdinand ? Quel est mon impact sur ce monde ?

Et c'était parti pour le plus grand moment d'introspection de toute ma vie.

UN SENTIMENT D'INSÉCURITÉ ET DE MANQUE D'INFORMATION

J'insiste fort sur le sentiment d'insécurité qui se dégage de cette introspection, car la période du post-partum étant déjà un moment de réaménagement, je ne suis pas certaine qu'il soit approprié de se lancer dans un «grand ménage de sa vie» à ce moment-là. Il me semble qu'il serait judicieux de l'avoir entamé avant. Le souci c'est qu'on ne nous invite jamais à prendre le temps de cette introspection, alors qu'il est pourtant tellement nécessaire. Et si on ne le fait pas vraiment avant, ça nous éclate à la figure lors de moments décisifs de notre vie, telle l'arrivée d'un enfant.

D'où l'importance aussi de sensibiliser à la santé mentale dès très jeune et de militer pour une meilleure prise en charge de notre bien-être intérieur. Nous sommes membres d'une génération qui, pour la plupart, a subi des violences éducatives de son entourage, de ses parents, du sexisme, du racisme... Quand on prend conscience de la brutalité de cette société patriarcale, on se rend compte de la violence perpétuelle que l'on a subie ou que l'on subit encore. Et l'on se rend compte à quel point nous avons besoin de nous réparer, de nous guérir pour commencer à vivre, vraiment.

Il y a évidemment plusieurs étapes dans cette introspection, et l'une des premières ressemble à une sorte de petite mort. On se réveille un matin, quelques semaines, quelques mois après l'accouchement, et on ne sait plus qui on est. On a ce sentiment désagréable et cette impression de s'être tout bonnement perdue. De ce que j'ai pu observer, cette phase dure entre 6 et 18 mois en moyenne.

Beaucoup de mamans m'ont confié qu'une fois cette période passée, elles ne se rappelaient plus précisément ces premiers moments : tout était flou, comme si elles n'avaient pas vraiment vécu ces instants. Notre cerveau nous jouerait-il des tours? Serait-ce une sorte d'amnésie traumatique?

> « Quand j'y repense, tout est comme si j'avais passé six mois dans le brouillard. Les souvenirs ne sont pas très clairs, mais les émotions sont claires. Je me suis sentie seule. Mon Dieu, je me suis sentie seule ! Et c'est étonnant parce que j'avais du monde autour de moi, ou du moins du monde à qui parler, mais personne ne comprend. Personne ne comprenait. Donc au bout d'un moment, t'as même plus envie d'en parler parce qu'en fait ça te soulage pas au final. Mais c'est un cercle vicieux : tu n'as plus envie d'en parler parce que ça ne te soulage pas assez ; alors, tu t'enfermes encore plus… En fait, on n'en sort pas de ce truc-là.
>
> **SASHA**

Je me remémore aussi cette période de façon similaire, comme si je n'avais pas été vraiment présente. Et aujourd'hui, je suis un peu dans le regret de n'avoir pu profiter pleinement des premiers instants de ma vie en tant que maman et de ceux de Ferdinand. Dans mon cas, il me paraît maintenant assez clair que c'était le rythme de vie très difficile à tenir, sans soutien suffisant pour s'occuper d'un petit bébé malade d'un reflux gastro-œsophagien dans le contexte de l'épidémie de Covid-19, qui a joué en ma défaveur.

Mais je peux ajouter aussi à cela le manque d'information concernant cette période : et ici, j'entends le manque d'information sur la grande crise identitaire que j'étais en train de vivre.

Après quelques semaines, quelques mois, le corps, grand sujet du post-partum immédiat, n'était plus tellement ma préoccupation principale. Il s'agissait de comprendre la transformation qui s'opérait en moi et dont personne ne parlait. Mon sujet, c'était de savoir comment j'allais réussir à être sa mère, alors que je ne savais même plus qui j'étais moi-même.

Aurai-je suffisamment d'aplomb pour l'élever alors que mes propres fondations sont fissurées, voire cassées ? Et surtout, j'avais le sentiment d'être profondément seule dans cette transformation, dans cette quête, parce que je ne me sentais ni comprise par mes amies de l'époque, ni par ma famille, ni par mon entourage. J'avais l'impression d'être la seule à vivre cela, et autant dire que ça n'a fait qu'empirer ma sensation d'isolement et de décalage avec les autres.

> Tout a volé en éclats. Je suis plus sensible, plus empathique. Il y a des choses que je ne voyais pas et que je vois maintenant. Rien que les autres mères : avant je ne les voyais pas. Enfin, je les voyais avec leur poussette, très bien, elles ont leur bébé, elles sont contentes… Et en fait, maintenant, en étant mère, surtout au début quand je croisais d'autres mamans avec leur nourrisson, on se regardait et (…) on se comprenait. (…) Je me sens vraiment différente, et j'ai encore un peu de mal à mettre des mots sur ça. J'ai l'impression que toutes mes envies et mes besoins ne sont plus les mêmes. J'aime moins être avec beaucoup de monde. Je ne sais pas, toutes les habitudes que j'avais avant n'existent plus et je suis en train de recréer quelque chose, et c'est encore un peu confus.
>
> **ELSA**

J'arrive à trouver les mots et formuler ces concepts-là presque trois ans après la naissance de mon fils, après avoir entrepris un travail de lecture et d'échanges avec d'autres mères. Quand on le vit, cela ressemble juste à un grand bazar, un gigantesque tsunami, et on ne se rend pas compte que l'on est alors en train de travailler fort pour traverser une des plus grandes étapes de sa vie.

LE CONCEPT DE CRISE

Au fil du temps et de mes recherches pour le documentaire, je me suis intéressée au concept de crise. Dans ma vie personnelle, j'avais déjà vécu mon lot d'expériences traumatisantes et autres chocs de vie. En avançant dans l'âge, et en ayant l'opportunité de travailler sur ces sujets, j'ai pu constater que toutes les crises que j'avais vécues m'ont finalement permis de devenir une meilleure personne, plus profonde, plus emphatique, plus présente.

En comprenant ce concept de crise, même bien plus tard, et notamment que tout ce qui s'était passé m'était arrivé pour une bonne raison, j'ai pu commencer à me réconcilier avec mon passé, et presque à le remercier. On ne vit pas les choses par hasard, on ne traverse pas des tempêtes pour rien, j'en suis convaincue. Et si pendant longtemps je ne voyais pas où la vie voulait me mener avec toutes ces épreuves, aujourd'hui tout est clair (ou presque).

> Les psys expliquent que ce qui permet d'élargir son champ de conscience, c'est quand on est à l'arrêt. Donc typiquement, la crise c'est le moment le plus opportun : d'un coup, on est plus en train de courir partout, d'être à droite à gauche ; on a enfin de l'espace psychique nécessaire pour que des infos descendent de l'inconscient, dans le conscient. Des choses qu'avant on ne voyait pas, parce qu'elles étaient nichées au niveau de l'inconscient, là, d'un coup, vont nous apparaître.
>
> **LAURA-JANE**

Le mot «crise» en chinois est composé de deux idéogrammes : DANGER & OPPORTUNITÉ.

La maternité peut (voire pas du tout[3]) provoquer ce genre de crises au même titre qu'un deuil, une séparation ou l'adolescence. Et souvent, ces moments sont extrêmement inconfortables lorsqu'on les vit et ce n'est que plus tard que l'on se rend compte du travail que cela nous a permis d'entreprendre sur nous-mêmes.

Quand j'essaie de comprendre pourquoi les crises sont si difficilement vécues, j'y trouve plusieurs raisons :

LA PEUR DU CHANGEMENT

Accueillir le changement est un exercice vraiment difficile pour la plupart d'entre nous, car en tant qu'humains, nous avons besoin de sécurité émotionnelle, physique et affective. Lorsqu'une crise survient, elle balaie tout ce que l'on connaissait, et c'est spécifiquement vrai dans le cas de l'arrivée d'un enfant.

Presque du jour au lendemain, notre quotidien change du tout au tout, et pas forcément en notre faveur. Quoi qu'on en dise, les premiers mois avec un bébé sont des périodes de grande instabilité : on va devoir apprendre à le connaître, à s'adapter à chacun de ses besoins, à décaler totalement notre rythme, à devoir renoncer à tout ce que l'on aimait et à tout notre temps libre (ou presque), à découvrir nos nouvelles réactions, nos nouvelles émotions... C'est un gros CHANTIER.

Et nous n'avons pas vraiment reçu toutes les clés pour faire face aux chantiers de la vie, ni à ses vagues. C'est un apprentissage que l'on doit faire par soi-même, et c'est loin d'être facile. Désormais, je me dis que le changement me conduit vers un nouveau stade de mon existence, et que maintenant j'essaie de faire confiance à la vie pour me guider – elle l'a tellement bien fait toutes ces années ! –, pour affronter cette peur et oser me mettre en mouvement.

---

3. Je tiens à préciser que j'écris pour donner ma version des faits, pas une version universelle, car cela n'existe pas.

LA SOLITUDE

Les crises sont des moments difficiles de l'existence et je pense que ce n'est pas censé être autrement. J'ai l'impression qu'on ne peut pas vraiment évoluer sans un profond travail intérieur. Einstein disait que « la chance se trouve dans les difficultés », je suis d'accord : c'est, pour ma part, dans les moments de tension, de rupture, que j'ai eu les meilleures opportunités pour grandir, pour trouver de nouvelles solutions et me forger mon propre point de vue.

Je ne veux pas non plus faire l'apologie de la douleur, ce n'est pas du tout cela. Il me paraît être dans notre intérêt personnel et collectif de voir comment on peut accompagner ces crises, plutôt que de les renier. Parce que c'est clairement ce qu'il se passe pour les mères qui expérimentent le post-partum, qui dure trois ans, rappelons-le. Aucune clé sur la manière de l'appréhender, et pire encore, avec une vision totalement idéalisée.

Quand je parle avec des mères, elles osent se livrer concernant leur post-partum et leur expérience de la maternité. Elles me disent souvent qu'elles n'ont jamais osé en parler ainsi, si ouvertement et avec qui que ce soit d'autre, pas même leur famille ou leur entourage. La solitude est ce qui revient le plus lorsque les jeunes mères sont interrogées sur leur ressenti face au post-partum. N'est-ce pas cruel de laisser les mères seules au moment où elles ont le plus besoin d'être entourées ?

> À la naissance de mon premier enfant, je me suis sentie isolée : pas de famille, cercle amical assez restreint… Et c'est vrai qu'on se sent rapidement livrée à soi-même… Qu'on ait un partenaire qui soit présent ou pas, quand on devient maman, il y a tellement de bouleversements que

si il n'y a pas autour de nous ce cercle de soutien psychologique et émotionnel, c'est compliqué.

CLÉMENTINE BERTRAND, PRÉSIDENTE DE L'ASSOCIATION SUPERMAMANS FRANCE

L'INJONCTION DE RÉUSSITE SOCIALE

Je pense qu'il s'agit là d'un de nos gros problèmes contemporains : l'injonction à réussir sa vie, au bonheur permanent, à la famille parfaite, au corps parfait, au job parfait. Ces injonctions sont tellement omniprésentes et renforcées par les réseaux sociaux, qu'on en arrive à se couper de la vie réelle en essayant d'atteindre un but… Or, celui-ci est inatteignable puisque factice, construit de toutes pièces. Nous sommes aujourd'hui dans ce dilemme, où le plus souvent, ce que nous souhaitons montrer au monde ne reflète pas une seconde notre réalité. Nous passons notre vie à nous mentir (consciemment ou inconsciemment) afin d'essayer de rentrer dans des petites cases qui nous permettraient de dire que là, enfin, nous avons réussi, à savoir : réussir nos études, obtenir un bon job bien payé, avoir une vie de couple harmonieuse, réussir sa grossesse, réussir son accouchement, son post-partum, l'éducation de nos enfants, avoir une belle maison, un beau PEL, de belles vacances. Tout cela à longueur de temps, d'année, et, qui plus est, on doit faire en sorte de le montrer sur les réseaux sociaux. Et si on faillit dans une de ces catégories, un grand sentiment d'échec nous envahit.

Renée, dans le documentaire, relève une autre injonction :

Il y a aussi quelque chose de très intéressant : c'est qu'il y a des injonctions qui sont faites dans tous les sens aux parents. Et il y a aussi, et moi je pense que j'ai été sensible à ça, peut-être parce que j'avais ce truc un peu adolescent, mais il y a une injonction à la *coolitude*. Du genre « c'est pas parce que tu deviens mère, que tu vas arrêter d'être cool, OK ? » Ben si, en fait. Tu vas complètement arrêter d'être cool et c'est pas grave. *(rires)* Donc moi j'ai lutté pour « rester cool » en fait, c'est-à-dire que (…) j'avais envie de garder ma vie sociale, j'avais envie de garder mes loisirs ; et en fait, il faut avoir conscience que quand tu deviens parent, tu perds des choses. Et je trouve que le début du moment où tu vas bien, c'est accepter ce deuil, accepter qu'il y ait des choses qui soient perdues, et que ce n'est pas grave. Tu vas peut-être les retrouver plus tard, peut-être pas ; tu vas peut-être les retrouver autrement, mais en tout cas le côté « non, non, non, moi je continue de boire des verres avec les copains », c'est une catastrophe. Parce que du coup tu es surmenée chez toi, surmenée à l'extérieur. (…) Je pense qu'il faut accepter qu'il y ait une phase de récupération quand on est parents, c'est-à-dire cette reconstruction identitaire.

RENÉE GREUSARD, AUTRICE & JOURNALISTE

LA DÉPRESSION DU POST-PARTUM

Les chiffres récents nous montrent que 30 % des jeunes mères vont vivre une dépression du post-partum. N'y a-t-il pas ici une urgence sanitaire ? N'y a-t-il pas un problème sur la manière dont nous accueillons nos enfants ?

Ces 30 % sont à mes yeux sous-estimés. En effet, pour être intégrée dans cette donnée, encore faut-il avoir conscience de traverser une dépression du post-partum. Et je peux vous dire que nombreuses sont les femmes victimes de cette maladie qui ne vont jamais se faire diagnostiquer, et ce pour différentes raisons.

Parmi celles-ci, le système de soin qui ne permet pas une prise en charge optimale (dès que vous avez accouché, l'attention se porte sur le bébé, et la mère est délaissée); parce que la douleur et le mal-être des femmes sont loin d'être une priorité publique; parce qu'on dit aux femmes que c'est normal de souffrir et qu'on ne veut pas les entendre; parce que les femmes elles-mêmes sont conditionnées à souffrir en silence; parce que la société et l'entourage n'ont pas envie d'entendre nos discours de maternité qui puent le désastre.

On veut du beau, de l'émerveillement, des sourires et de jolies histoires heureuses. Pas de sang, pas de larmes, et encore moins de moments de désespoir. Pourtant, durant la maternité comme dans la vie en général, les deux se côtoient.

Le chiffre des dépressions du post-partum est souvent brandi pour prouver qu'il y a un vrai problème dans l'entrée dans la maternité et pour appeler à agir. Je voudrais tout de même préciser qu'il ne suffit pas forcément d'être sous antidépresseurs pour attester que l'on vit une période particulièrement difficile. Je n'ai pas traversé de dépression du post-partum, néanmoins j'estime avoir vécu pendant les dix-huit premiers mois de mon fils une des phases les plus rudes de ma vie.

Prenons une petite minute pour réfléchir. Voulons-nous que nos enfants vivent dans ce monde? Voulons-nous que nos filles vivent ce que nous sommes en train de vivre?

Ce n'est pas nous qui sommes en échec si nous n'arrivons pas à nous conformer à des normes sociales inatteignables, car c'est bien le système actuel qui est fait pour nous mettre en échec. Il est temps de remettre l'église au milieu du village. Élever des enfants dans ces conditions n'est pas acceptable : il nous faut du soutien, notre village[4], des coparents présents, des institutions engagées,

4. Cette expression provient du proverbe africain : « Il faut tout un village pour élever un enfant. » Ici, l'éducation et le développement d'un enfant ne relèvent pas uniquement de la responsabilité de ses parents, mais nécessitent la contribution et le soutien de toute la communauté.

beaucoup d'information, des systèmes de santé performants, des accouchements respectés, des post-partum entourés, du soutien familial...

Tout ce que l'on n'a pas aujourd'hui.

Il y a des conséquences sur nous, notamment le renfermement sur nous-mêmes. Lorsque les attentes sont trop élevées et que l'environnement est hostile, et que l'on se sent en échec, on se renferme sur soi-même, on développe la peur de s'ouvrir aux autres parce que l'on a peur de leur jugement. Le cercle vicieux de la solitude s'installe alors. On s'isole et on blinde notre cœur pour ne pas être blessé·e, pour finalement se protéger.

De ce combo isolement et réaménagement psychique post-naissance, peut naître une crise existentielle. Et ce que je remarque souvent, c'est que l'on a hâte de dépasser ce moment inconfortable. Mais au lieu de vouloir enterrer nos émotions, peut-être pourrions-nous apprendre à voir les crises comme des opportunités pour réévaluer tout ce qui ne nous plaît plus dans notre vie, tout ce que l'on voudrait changer.

Pour moi, c'est précisément l'effet qu'a eu la maternité.

> Et moi, ce que je dis tout le temps c'est qu'être mère, ou en tout cas que le plus difficile dans la maternité, ce n'est pas de s'occuper d'un enfant, ce n'est pas de devenir mère matériellement ; on sait à peu près toutes donner à manger à un enfant, le coucher, lui donner des vêtements... Mais par contre, ce que ça fait ressortir chez toi, ton lien avec ta mère, ton lien avec ton père, ton lien avec tes frères et sœurs, ton lien avec ton mec, avec ta meuf, avec ta voisine, avec ton médecin, avec ton corps, avec ton enfant, avec ton adolescence, avec ton premier rapport sexuel, avec... C'est ça en fait, t'as beau avoir travaillé sur toi avant, la mater-

nité elle vient, elle prend le tapis et elle fait : « Hey ! Il restait des trucs en dessous ! »

JOSÉPHA

UNE OPPORTUNITÉ DE CHANGEMENT

L'entrée dans la maternité a le potentiel de nous révéler très clairement ce dont nous ne voulons plus. Et cela peut s'avérer très violent, quand l'information a manqué, quand on s'est construit une vie qui ne nous appartenait pas vraiment, comme dans mon cas.

Je sais que mes propos peuvent être effrayants, et c'est pour cela que les mères ont été longtemps mises sous silence. Mais si la peur n'évite pas le danger, n'oublions jamais que dans le danger se cache l'opportunité.

> Au début (…), je ne comprenais pas les personnes qui disaient que la maternité les avait rendues libres. Et je me disais « bah, je ne vois pas comment c'est possible en fait », puisque t'es jamais moins libre de tes mouvements que quand t'as un enfant. Et en fait, ça te rend libre dans ton esprit, c'est ça le truc. Mais (…) il faut un peu de temps avant de le comprendre, je pense. Et se rendre compte que tu es capable de tout faire et que c'est juste nous-mêmes qui nous mettons des freins en règle générale.

CAROLINE

Dans le documentaire, je dis que la maternité m'a donné le pouvoir et la liberté de penser. Ce que cette grande crise a révélé chez moi, c'était le fait que j'avais passé ma vie entière à côté de mes baskets. J'ai le sentiment qu'avant d'être mère, je ne pensais pas à 100 % par moi-même et surtout pas pour moi-même. Avec le recul, j'ai l'impression d'avoir joué un rôle pendant si longtemps.

Pour être acceptée socialement, je me suis conformée aux attentes sociales et j'ai agi en conséquence. Je me suis retrouvée dans des relations très toxiques, où je donnais tout à la personne sans rien demander ni recevoir en retour. Mon travail non plus n'était pas vraiment épanouissant, en tout cas il ne nourrissait pas mon cœur comme je l'aurais voulu. J'ai essayé de mille façons de plaire aux autres, et cela se ressentait sur la manière dont je m'alimentais, m'habillais, parlais, et socialisais.

La maternité m'a mis une telle claque qu'elle m'a totalement arrêtée. Je n'ai plus eu d'autres choix que de regarder ma vie en face, et me rendre à l'évidence que bien des choses ne me convenaient pas : mon couple, mon rapport à mon corps, mon travail, mes convictions personnelles, mes relations amicales, familiales. Tout cela n'allait pas.

> **Les psys l'expliquent très bien, un choc, c'est un truc qui vient te mettre en arrêt. Ça peut être une naissance, ça peut être un drame, un décès, un viol ; enfin, ça peut être mille choses. Mais d'une manière ou d'une autre, c'est un événement où ton psychisme se noie d'un coup, où il n'est plus en mesure d'accueillir l'énormité de l'événement. Donc là, il y a un peu un effet de panique. Et qu'est-ce que je fais de tout ça ? Et là, du coup, naît la fertilité, et face à un choc, évidemment c'est difficile, ce n'est pas que joyeux, loin de là, c'est même plutôt négatif de base ; mais du positif va en naître.**
>
> **LAURA-JANE**

Et ai-je vraiment besoin de préciser à quel point il est déstabilisant de se rendre compte de tout cela au moment où l'on acquiert l'une des compétences les plus difficiles au monde : celle d'être maman ?

Quelque part, il est impossible de prévoir comment la naissance d'un enfant va nous impacter, car cela dépend d'une multitude de facteurs inhérents à chaque personne. Le lien qui nous unit avec notre bébé dépasse souvent tout ce que l'on a connu dans notre vie d'avant.

Il est important de préciser que ce lien se construit dans la durée, que ce n'est généralement pas instantané. Mais à mesure que le temps passe, une forme d'amour très particulière, et quelque part très violente, va se construire entre l'enfant et le parent qui prend soin. Un amour si fort que parfois nous n'avons jamais connu nous-mêmes étant enfant. Et cela retourne, cela questionne, profondément, intensément. Et je crois qu'au lieu de chercher à retourner à notre état d'avant l'arrivée de l'enfant – ce qui n'arrivera jamais –, il vaut mieux suivre ce courant électrique et se faire confiance.

Lucas et moi, on a toujours été hyperfusionnels, donc on faisait tout ensemble et jamais rien l'un sans l'autre. Et le jour où Andréa est née, j'ai remplacé mon mec par mon bébé. Donc du coup, mine de rien, mes repères ont changé à mort, parce que je n'avais pas les mêmes conversations avec Andréa qu'avec Lucas. Ce n'est pas exactement la même relation, on ne fait pas les mêmes trucs ensemble, et le sentiment de perte est énorme. Et surtout, tu ne sais pas du tout ce vers quoi tu vas.

JULIE

Je me souviens (...) qu'au bout de six semaines il me dit : « Elle fait trop de bruit. S'il te plaît, on peut la mettre dans sa chambre ? » Et je me souviens m'être effondrée par terre en pleurant avec la sensation qu'on m'arrachait le ventre ; et je me suis dit : « Wouah, il y a un problème là en fait. »

Enfin, un problème… Je me dis que c'est bizarre quand même que lui ne comprenait pas du tout ce qu'il se passait, que moi, je ne comprenais pas du tout ce qu'il se passait. Par contre, je ressentais une immense détresse à l'idée que mon bébé soit loin de moi la nuit, et à ce moment-là, au bout de six semaines, je me dis qu'il faut que je comprenne ce qu'il m'arrive. Et donc j'ai essayé de chercher ce qu'il se passait en moi. J'ai vécu aux États-Unis, donc j'ai de la famille américaine, je commence à en parler avec elle, elle m'aiguille sur d'autres trucs : là je découvre un monde, en fait. C'est marrant parce que j'avais 29 ans, j'avais deux copines qui étaient mères, et les autres vivaient leur vie de meufs de 29 ans, loin de ma réalité. Moi, sortir ? Mais quel est ce monde où les gens font autre chose que d'être avec un bébé ? Non, je ne comprends pas. Donc je n'échangeais qu'avec ma famille américaine et je lui disais : « OK, donc c'est normal que je n'aie pas de libido, c'est normal que je n'aie qu'envie d'être avec mon bébé ? » Et, cette phrase qu'on dit partout aujourd'hui « ce n'est qu'une phase » ; elle [la famille] me disait ça en 2017 : « Ne t'inquiète pas, ce n'est qu'une phase, ça va passer, tu vas te retrouver à un moment, mais c'est normal, vis ce que tu vis, c'est normal, c'est un chamboulement. »

CLÉMENTINE

DÉCONSTRUIRE LE MYTHE DE L'INSTINCT MATERNEL

Se faire confiance peut être effrayant, surtout quand on voit l'ampleur des responsabilités que cela implique. D'un coup, nous passons de jeunes adultes à parents responsables d'une vie, et surtout sans formation préliminaire. Personne ne nous apprend à devenir parents. La transformation doit s'effectuer du jour au lendemain; et nous, les femmes, avons la spécificité d'être particulièrement observées à ce moment-là : nous sommes les sachantes désignées.

À cause de ce mythe de l'instinct maternel qui a la peau dure, nous devenons automatiquement les personnes référentes et compétentes. Pour info, la case «instinct maternel» ne pousse pas dans la tête pendant la grossesse, c'est tout autant un apprentissage pour les mères que pour les pères. Il faut casser ce mythe dangereux.

Je suis allée interviewer des neuropsychiatres pour savoir ce qu'ils pensent de l'instinct maternel :

> Je ne dirais pas qu'il y a un truc particulier au cerveau du genre de l'instinct maternel. Il y a des parents où la maman et le papa n'ont pas l'instinct parental, et qui négligent leurs enfants, et qui les maltraitent : et ça aussi, il faut en parler, parce qu'encore une fois, on n'est pas câblé nécessairement à cette empathie ou à ce don de soi. C'est quelque chose qui se travaille, c'est de la patience, de la frustration, de la fatigue, etc. Et il y a des personnes qui abandonnent. Si c'était vraiment câblé, la maltraitance n'existerait pas. Donc si elle existe, c'est que ce n'est pas particulièrement câblé.
>
> **ALBERT**

> Ce qu'on peut observer c'est que durant la grossesse, et c'est biologiquement logique, le cerveau se prépare à apprendre comment garder un bébé en vie. On doit mettre tellement d'énergie, physiquement, pour fabriquer le

bébé, qu'évidemment le cerveau aussi se prépare en vue d'apprendre à devenir parent. Mais il faut que le bébé soit là pour vraiment commencer cet apprentissage. Il y a beaucoup de choses qui se mettent en place, c'est ce qu'on appelle souvent de l'instinct, mais je pense que tout ça est le résultat d'un apprentissage. Si on observe les animaux par exemple, on peut croire que c'est de l'instinct, car pour eux, le comportement maternel semble vraiment naturel, comme pour les brebis par exemple. Mais si on connaît le comportement maternel et qu'on les observe, et j'ai déjà observé un accouchement de brebis, c'est en fait un processus d'apprentissage complexe ! C'est juste super rapide. La brebis est vraiment préparée neuro-physiquement pour répondre aux besoins du bébé. Ce qui se passe, c'est vraiment de l'apprentissage et de la mémoire, pas de l'instinct. C'est le développement de ce processus d'apprentissage, de cette relation.

JODY

À présent que l'on sait que l'instinct maternel n'existe pas tel qu'on nous le présente généralement, il est quand même important de rappeler que l'instinct tout court existe bien, et qu'il est fortement recommandé de s'écouter concernant son bébé. Ce qui me dérange dans le concept de l'instinct spécifiquement maternel, c'est qu'il sous-entend que la femme serait, par la force d'un superpouvoir de la nature, la seule à savoir s'occuper du bébé. Ce qui évidemment est bien souvent utilisé contre nous afin de nous reléguer aux tâches parentales.

J'ai été victime, comme beaucoup, de ce fameux instinct maternel, puisqu'une grande partie de la responsabilité de ce bébé a été mise sur mes épaules : j'étais celle qui devait tout savoir, tout gérer, tout organiser. Et je me souviens avoir ressenti un sentiment d'injustice TRÈS FORT.

S'ENGAGER

Pour la première fois de ma vie, j'avais vraiment le sentiment qu'on m'assignait à ma condition de femme et qu'on me faisait porter sur les épaules une responsabilité trop grande pour moi. Avant cela, je n'avais jamais pris conscience de ce qu'était une injustice. Mais là c'était si gros que je ne pouvais pas accepter. C'est là qu'a commencé la rébellion.

J'ai commencé à dire non, chose que je n'avais jamais faite avant. « Non, je ne suis pas d'accord avec ce que vous dites. Je ne suis pas d'accord de devoir être la seule personne responsable de la vie de cet enfant, pas dans ces conditions. Je ne suis pas d'accord que le pédiatre ne parle qu'à moi pendant les rendez-vous, je ne suis pas d'accord qu'on me laisse dans un état déplorable en post-partum, je ne suis pas d'accord de cet isolement et de cet abandon dont je suis victime, je ne suis pas d'accord avec l'attitude de mon entourage envers moi et mon bébé, je ne suis pas d'accord sur la répartition des tâches dans mon couple, je ne suis pas d'accord avec le fait que l'on juge mon corps en post-partum, pas d'accord de reprendre le travail dans cet état et dans ce contexte… »

Et plus je disais non, plus ma conscience s'est aiguisée sur les injustices qu'auparavant je n'aurais jamais relevées, et plus je m'affirmais, plus je me libérais.

De là, j'avais deux choix. Soit j'essayais par tous les moyens de faire taire ma petite voix intérieure afin de rester dans le rang – et je vous assure que j'ai essayé de me taire, de me dire que ce n'est pas grave, de prendre sur moi –, mais force est de constater que je n'ai pas réussi ; soit je choisissais une seconde option pour faire fructifier ce feu en moi : l'engagement.

Mon engagement a été décuplé par les injustices dont j'ai souffert et la volonté immense d'empêcher qu'elles se répètent, mais surtout par mon travail. Pour mes documentaires, je suis allée à la rencontre de centaines de mamans, papas, spécialistes, en France et à l'étranger. J'ai échangé avec des milliers de mamans sur Instagram, et j'ai commencé à prendre position publiquement sur ces sujets. J'ai été soutenue, portée par ces milliers de messages privés, commentaires qui me disaient « moi aussi ».

Moi aussi je pense que l'on peut faire mieux sur l'accompagnement des mères et des familles. Moi non plus je ne suis pas d'accord avec ce que l'on m'impose mais, surtout, moi aussi je veux que ça change.

> **Le premier moteur à l'engagement, c'est de dire : « Je ne veux plus jamais que ceci arrive à d'autres. » Alors évidemment, plus jamais… On ne résout pas comme ça des causes entières. Mais c'est déjà un énorme truc que de se dire : « Je vais me lever le matin pour travailler le plus possible, à mon échelle bien sûr, mais autant que je peux, pour que d'autres ne subissent pas ce que moi j'ai subi. »**
>
> **LAURA-JANE**

Au début de ces prises de conscience et de position, l'enjeu c'était de dire ma vérité. Puis j'ai voulu agir à mon échelle et j'ai vu qu'il y avait des moyens de faire bouger les lignes, par de l'information notamment. Et c'est dans cette perspective que j'ai voulu développer les documentaires, puis le club poussette, puis la plateforme on.suzane.

Au fil de rencontres bouleversantes, inspirantes, de nombreuses lectures, mon engagement n'a fait que grandir. Et j'ai trouvé le courage – parce qu'il en faut un paquet – de faire péter la cage mentale que je m'étais construite toutes ces années.

J'ai trouvé en moi et en dehors de moi, les ressources nécessaires pour remodeler ma vie comme je l'entendais. J'ai quitté le papa de

Ferdinand ensuite. Mais ce n'était pas seulement lui que je quittais, c'était toute ma vie à vivre des relations qui ne me convenaient pas et dans lesquelles je n'existais pas. J'ai coupé les ponts avec mon père, les ami·e·s qui ne me convenaient plus, j'ai monté ma boîte. J'ai pris les rênes de ma vie.

Commencer à m'écouter, à refuser ce qui ne me convenait pas, m'a permis de faire une rencontre merveilleuse : celle avec moi-même.

Et cela je le dois à la maternité, à Ferdinand, aux femmes merveilleuses qui ont écrit ces livres, qui ont ces comptes Instagram, qui ont eu le courage de se manifester et de dire leurs vérités. Ces femmes qui m'ont ouvert les yeux sur ce que je voulais.

Cela peut faire peur de commencer à réfléchir pour soi, car nous n'avons pas reçu cette éducation. Mais gardons en mémoire que tout ce qui a été construit peut être déconstruit.

Et c'est justement ça qui nous quitte quand on commence à penser pour soi : la peur.

Replacer le curseur là où il aurait toujours dû être, c'est-à-dire sur soi, et se prioriser sont les premières étapes d'un grand processus d'amour qui a pour vocation de tout faire changer. Et je vous promets que même si les premiers temps cela est extrêmement insécurisant, emprunter cette voie vous mènera sur un chemin au-delà de tout ce que vous aviez pu espérer.

L'arrivée de Ferdinand a mis en perspective tout mon univers : mon monde extérieur, avec une volonté aiguë d'agir et faire le bien, mais surtout ma sphère intérieure.

Avec toujours cette question qui me suit : quel modèle, quelles valeurs vais-je lui transmettre ?

Et je pense qu'aujourd'hui, après presque trois ans de remise en question et de réaménagements, je commence à pouvoir amorcer une réponse qui me convient, que j'ai choisie en conscience et que je mets en pratique autant que possible.

Je veux pouvoir transmettre à Ferdinand, la pierre angulaire de tout : l'estime de soi, l'amour de soi, la confiance en soi.

Mais pour pouvoir transmettre cela, il faut déjà se l'appliquer à soi puisqu'on ne peut pas donner ni transmettre une chose que l'on ne possède pas.

Chapitre 2

LE COUPLE

Pour une majorité de personnes (mais pas pour toutes, rappelons-le), avoir un enfant signifie se construire en famille. Cela signifie que l'on va s'engager très fort avec une personne, dans le but d'élever un petit être jusqu'à la fin de sa vie. Il s'agit là d'une grande décision, accompagnée de responsabilités. Et à mon sens, nous manquons d'informations sur le processus et les potentielles difficultés par lesquelles nous risquons de passer en vivant cette expérience en tant que couple. L'accent est souvent mis sur le bonheur de devenir parents ensemble, mais la difficulté que cela induit est souvent tue. Il nous manque alors les clés pour comprendre et faire face à cette expérience dans la sérénité.

Et tout cela se ressent à la lecture des chiffres, qui évoquent parfois 20 à 25 % de séparations dans les trois premières années[5].

Mon couple amoureux n'existe plus, car nous avons décidé de nous séparer quand mon fils avait 18 mois. J'écris dans ce contexte, car j'estime avoir eu l'occasion de réfléchir profondément à cette question du couple, tant par de nombreuses lectures que des

5. B. Geberowicz et C. Barroux, *Le Baby-clash : le couple à l'épreuve de l'enfant*, Albin Michel, 2005.

discussions dans le cadre de mon travail. Je tiens à préciser que je ne pense pas du tout que la séparation soit la solution idéale pour tout le monde, et je ne suis pas plus en faveur de la séparation que de la réussite à transcender les difficultés à deux. Je suis pour la liberté, le choix et l'épanouissement personnel.

Me séparer de mon compagnon alors que mon fils était si petit a été un vrai cataclysme qui a ébranlé tout mon système de croyances. Vraiment, je ne m'attendais pas à cela. J'ai traversé, en plus de la crise identitaire maternelle, une importante période de questionnement sur ma vision d'une relation romantique. Cependant, comme on a pu le voir dans le chapitre précédent, faire l'expérience d'une crise est le meilleur moyen de se réinventer.

Cela fait maintenant plus d'un an que je me réinvente, en mère célibataire, en couple parental avec Constantin. J'ai trouvé le courage de me sortir de situations qui ne me convenaient pas, alors qu'il aurait été tout à fait possible de rester, si j'avais fait taire cette petite voix intérieure qui me disait que je méritais une meilleure relation, plus épanouissante, et que je pouvais être heureuse en sortant des schémas traditionnels. Surtout, j'écris ces lignes en étant convaincue que l'amour sain, bienveillant et épanouissant existe et que l'on mérite de le trouver, ou plutôt de se le créer. Je crois en la magie de deux personnes qui se construisent un chemin de vie ensemble et qui s'engagent l'un·e envers l'autre.

Dans ce chapitre, vous ne trouverez pas de méthode ni de conseils faciles à appliquer pour que votre couple se porte au mieux. Ce que je souhaite proposer, c'est une analyse de ma propre situation, de celle de dizaines d'expériences qui m'ont été relatées, mais aussi des réflexions, des lectures qui m'ont fait grandir. Je n'aime pas les personnes qui attestent qu'elles ont la réponse absolue à une situation qui sera toujours différente pour chacun·e.

En proposant une analyse plus vaste de ce qu'on appelle le « baby-clash », j'espère surtout vous donner des clés de compréhension sur la situation que vous êtes peut-être en train de vivre. Je pense vraiment que ce qui est compris n'est plus subi, et c'est cette perspective qui m'anime.

Il est fort probable qu'à la fin de ce chapitre, vous ne sachiez toujours pas comment régler vos problèmes de manière pratique, mais j'espère que vous aurez compris d'où les tensions naissent, et ainsi que vous commencerez à inventer votre propre réponse, votre propre solution.

IDENTIFIER LA SOURCE DE NOS FANTASMES

Je pense qu'il est toujours important, quand on cherche à comprendre nos choix et nos motivations, de repartir de là où naissent les projections et les fantasmes. Ces derniers mènent presque toujours à la déception.

> Je me suis établie assez tôt, j'étais mariée, j'avais un CDI, je vivais avec mon mec… Enfin voilà, moi j'étais assez impatiente d'avoir des enfants, assez tôt. La famille parfaite avec le labrador, c'était pour moi.
>
> **DELPHINE**

> J'ai grandi et vécu avec cette idée que finalement mon accomplissement entier et total en tant que personne, la cerise sur le gâteau de ma personne, se ferait à travers la maternité, en ayant des enfants. Et finalement, un peu comme dans les contes de fées, sans être totalement

> naïve, je croyais qu'à partir de là on était complet, que tous les puzzles pour le bonheur et toutes les pièces étaient réunis. Donc oui, bien sûr que cette histoire du conte de fées maternel, et surtout l'idée de l'amour que l'on porte à nos enfants et qu'eux aussi nous portent, suffisait à tout résoudre, tout combler, tout lisser. Or, c'est évidemment bien plus compliqué que ça.
>
> **AURÉLIA**

Je ne saurais dire précisément d'où vient ce schéma narratif, si ce n'est peut-être d'une croyance populaire profondément ancrée. Ce qui est certain, c'est qu'une grande majorité des femmes que j'ai rencontrées et moi-même avons totalement adhéré à ce mythe de la famille parfaite. Pour avoir également interrogé des hommes, je constate que ce mythe est moins présent, moins vivace pour eux.

Pour ma part, je pensais vraiment que le bonheur absolu se trouvait dans la construction de la famille hétérosexuelle (un papa, une maman et des enfants qui vivent sous le même toit) et que je ne pourrais jamais vraiment être heureuse et épanouie hors de ce cadre. C'était un but personnel, même si j'ai mis quelque temps à réussir à en prendre conscience. Je croyais trouver une sorte de rédemption dans la poursuite de ce schéma.

Une rédemption face à ma propre famille en crise, déjà, et à tout l'amour, toute l'attention que j'avais toujours rêvé d'avoir et de donner. Je n'avais qu'une hâte, c'était de pouvoir être aux manettes de ma vie, tracer ma voie et m'épanouir dans la cellule familiale que j'allais construire à mon tour. J'étais assez persuadée que j'allais forcément mieux faire que mes propres parents et imaginais cette expérience presque comme une guérison.

Ce qui est beau, c'est que cette expérience participe pleinement à ma guérison. Mais pas comme je l'avais imaginé, ni factuellement ni temporellement. J'avais imaginé que j'allais trouver un mari aimant, des enfants aimants, et que j'allais être cette mère parfaite. Je me représentais vraiment la famille que l'on voit dans les films américains, une famille romancée, fantasmée, idéalisée.

C'est en sortant de ce cadre que j'ai vu à quel point ce dernier avait jusqu'alors (mal) guidé mes pas, et il m'aura fallu quelques expériences de plus pour réaliser à quel point j'allais trouver ma liberté en dehors de tout cela.

> Je pense qu'encore maintenant j'ai une vision de la famille qui est idéalisée. Moi, je n'ai pas de famille idéale, donc j'imagine que c'est peut-être une réponse à ça : la famille que j'aurais rêvé d'avoir quand j'étais petite. Mais j'ai des choses, comme le poulet rôti du dimanche en famille, que je voulais faire depuis toujours. Et en fait, je pense que quand un bébé arrive, ça ne marche pas comme ça. En tout cas, pour moi, ça n'a pas fonctionné comme ça. C'est-à-dire que je n'ai pas eu ça, et je pense que ça a été d'autant plus violent que je l'ai attendu pendant des années. Enfin, c'était ma vision de la famille, le jour où j'aurais une famille. Et donc la chute a été d'autant plus dure. Je pense que les années ont été longues avant, à imaginer ça.
>
> **LOLA**

J'aime cette phrase qui dit que l'on est tous et toutes construit·e·s, et que c'est quand on en prend conscience que l'on peut commencer à s'inventer un peu.

Pour comprendre la crise du couple qui suit la naissance d'un enfant, il est important de comprendre que l'origine du problème se situe déjà dans la construction du couple amoureux en lui-même et des rôles que chacun·e endosse et qui ne servent pas à notre épanouissement personnel.

> En fait, quand il y a un enfant, il y a l'homme qui va réagir avec la femme, la femme qui va réagir avec l'enfant, l'homme qui va réagir avec l'enfant, la mère qui va réagir avec l'enfant, le père qui va réagir avec l'enfant, et le père et la mère qui vont réagir ensemble.
>
> **CÉCILE**

L'IMAGE DE LA FAMILLE PARFAITE

Combien de couples sont dysfonctionnels avant même qu'un enfant n'arrive? Il n'y a pas si longtemps, j'ai encore entendu une femme dire que son conjoint et elle-même avaient décidé de faire un enfant pour sauver leur couple... Cette phrase – nous l'avons toutes et tous déjà entendue de près ou de loin – pose un réel problème sur la manière d'accueillir nos bébés. Ces derniers deviennent alors des objets censés résoudre les soucis conjugaux de leurs parents, avant même d'être nés.

Comment peut-on dire et croire une chose pareille? Si ce n'est parce que l'on a subi un lavage de cerveau visant à ériger la famille hétérosexuelle comme le but ultime à atteindre pour connaître l'absence de difficultés et le bonheur absolu?

> Je me suis rendu compte que je suis arrivée au monde quand ma mère perdait son pilier de vie : à sept mois de grossesse, elle a perdu sa sœur. Naturellement, j'allais remplacer ce pilier et j'ai eu conscience de cela. C'est perché mais je le sais, je suis venue apporter du baume au cœur à ma mère. Par la suite, j'ai été la filleule d'une femme qui n'a pas réussi à avoir d'enfant et pour qui je suis devenue sa raison de vivre aussi. Et tout cela, c'est un

peu lourd, au final. Quand je parlais tout à l'heure du fait que ton bébé devient un produit commercial, je l'ai ressenti, ça ! Je me suis dit : « Mais en fait, vous m'avez donné la vie pour vous, vous m'avez donné la vie pour que je sois là, pour que je sois le soleil, pour que je fasse rire... Vous ne m'avez pas faite pour moi. Vous ne m'avez pas faite en me disant : "Karine, tu vas devenir ce que tu as envie d'être, et quoi que tu seras, ce sera parfait." » Non. Chez moi, il y avait des attentes. De mon point de vue, c'est les attentes qui tuent tout. Quand tu as un enfant, tu as déjà des attentes : tu espères qu'il sera cela, qu'il fera cela, qu'il sera beau, qu'il fera de la guitare, comme ça vous pourrez en faire ensemble... Tu as envie qu'il colle à une image que tu t'es faite de lui et, quand il arrive et qu'il n'est pas cela, ça ne va pas. Il faut se rappeler qu'on a donné la vie et que, normalement, ça devrait être sans attentes, ça devrait être juste pour transmettre la vie, et dire : « Tu sais quoi ? Envole-toi ! Je suis là, je suis à côté, deviens ce que tu as envie d'être et, quoi que tu seras, je serai fière de toi. » Ça devrait être ça, mais ce que je vois chez la majorité des gens, ce sont des attentes. Et pour nos enfants, c'est trop lourd à porter. Le bébé est à peine né, qu'il porte déjà une charge sur ses épaules : « Je dois cocher toutes les petites cases que mon papa et ma maman ont prévues pour moi. » Ça fait beaucoup déjà.

KARINE

Ici encore, nous devons la propagation de ce mythe aux nombreuses représentations complètement romantisées véhiculées par les films à l'eau de rose dont nous sommes inondé·e·s ; mais aussi sur les réseaux sociaux où l'image de la famille parfaite, où le bonheur règne, est à la mode. Cela est dangereux et peut briser des vies. À force de courir après quelque chose qui n'existe pas, on s'épuise et on se perd.

Casser l'image de la famille parfaite, c'est casser l'idée que l'on va rencontrer une personne et qu'elle « sera la bonne », et que tout ira bien. Il s'agit d'une fausse croyance, d'un conte. C'est sûrement très joli, nous y avons beaucoup cru en étant enfants, mais comme pour beaucoup d'autres choses : nous avons été dupé·e·s. Et il est temps de nous détacher de cela pour pouvoir avancer et nous donner la chance de connaître des relations épanouissantes.

Il est temps de comprendre qu'une personne ne peut pas guérir nos traumas, ne peut pas nourrir notre propre carence affective, nos insécurités, nos peurs, nos doutes. Il faut prendre nos propres responsabilités pour faire que notre implication à hauteur de 50 % soit saine, et il faut tenter de trouver une personne qui est sur la même longueur d'onde. Car malgré toute la bonne volonté du monde, une relation se construit à deux.

L'IDÉE D'UN·E PARTENAIRE « GUÉRISSEUR·SE »

Je n'avais pas vraiment réfléchi à ce que l'amour signifiait pour moi avant il y a de cela quelques mois et la séparation. En relisant mon histoire, je me suis rendu compte que j'avais toujours attiré les mauvais partenaires romantiques. Je réalise avec le recul que pendant des années, j'avais une carence affective si immense et un tel besoin d'amour, que je laissais de mauvaises personnes entrer dans ma vie. Il s'agissait de relations toxiques où je n'étais pas valorisée pour la personne que j'étais vraiment, où je devais me couper en quatre pour que la relation fonctionne (et mal en plus), où je laissais toujours les besoins des autres prendre le dessus sur les miens, où je n'étais pas épanouie sexuellement... Et tout cela se soldait irrémédiablement par une séparation violente. Et je reprenais du service quelques semaines après, mon besoin d'être aimée me rattrapant, et je m'engageais alors dans une autre relation dysfonctionnelle.

Je suis heureuse d'avoir fait un enfant avec Constantin, parce que malgré nos différends et le fait que l'on ait choisi de nous séparer, nous arrivons tout de même à communiquer et à être un couple parental pour Ferdinand.

Seulement, aujourd'hui j'arrive enfin à me positionner sur ce que je souhaite dans ma vie romantique. Cela me demande beaucoup de travail, car ce n'est pas simple et c'est surtout le fruit d'un chemin.

Il me paraît à présent évident qu'un couple ne peut pas être vraiment fonctionnel et épanouissant si l'un des deux protagonistes est dans une situation de détresse émotionnelle. Nous sommes actuellement nombreux·euses dans cette situation de détresse intérieure : cela peut être en raison d'une éducation violente, sexiste, de traumatismes subis et dont personne ne nous a dit que l'on pouvait en guérir ni comment.

Guérir nos blessures

Tout ce qui n'est pas guéri en nous se répercute sur les gens qui nous entourent et que l'on aime. Et évidemment, la parentalité va agir comme un catalyseur. C'est important d'en prendre conscience et de commencer le chemin pour se réparer. Car tous les conseils pratiques pour que l'arrivée d'un enfant se passe au mieux dans un couple, ne pourront être que difficilement appliqués si l'on est cassé·e à l'intérieur.

En faisant l'expérience de la parentalité avec une représentation biaisée, on ne se rend pas compte du grand choc qui va nous arriver. Devenir une famille, passer du couple amoureux au couple parental, c'est loin d'être une mince affaire, en réalité.

> Tu ne sais pas qui t'as en face de toi, tu ne sauras jamais qui tu as en face de toi, parce que tu ne sais même pas qui toi tu seras en tant que parent. Donc je pense que tu as

beau connaître, parler, anticiper, rêver avec ton mec : « oui on fera ça, tous les dimanches on ira au marché, machin… » Eh bah quand il y a un bébé, que t'as pas dormi, que tu es en train de te construire en tant que parent, de te redécouvrir, peut-être que t'as plus du tout envie de bouffer du poulet rôti avec ce type.

LOLA

Mon premier conseil pour vivre un baby-clash plutôt serein serait déjà de prendre l'initiative de commencer le plus tôt possible un processus de guérison, de prendre le temps de lire des livres sur l'amour, le développement personnel, ou encore rencontrer des thérapeutes, qui pourront nous aider à y voir plus clair sur qui nous sommes vraiment, afin de pouvoir mieux communiquer nos émotions, nos envies, nos limites. Mon deuxième conseil, qui est sûrement le plus important, serait de faire un enfant non pas avec la bonne personne, mais avec une bonne personne.

Car soyons lucides, ce n'est pas l'arrivée de l'enfant qui va provoquer des problèmes dans le couple. L'enfant n'y est pour rien là-dedans. C'est juste que son arrivée va révéler très brutalement des problèmes et des comportements problématiques, qui sont déjà bien présents et ancrés depuis longtemps. Des problèmes qu'on n'a pas pris au sérieux, ou bien qu'on a tolérés, parce que c'était encore acceptable pour nous à l'époque.

Encore une fois, ce chapitre est à lire avec un esprit ouvert, chaque situation étant différente et votre expérience unique. Je constate ici qu'après plusieurs années à échanger avec des mères et à analyser ma propre expérience, il existe des similitudes de parcours.

La découverte du coparent

D'après moi, on aurait tout à gagner à partir du principe que l'arrivée d'un bébé va mettre un gros bordel dans le couple.

Ainsi, on s'éviterait de grandes déconvenues et déceptions. J'ai ressenti personnellement une grande peine durant les premiers mois de vie de mon fils en voyant mon couple voler en éclats. Je ne comprenais pas pourquoi le bonheur tant attendu n'arrivait pas, pourquoi chez moi c'était l'enfer, alors que chez les autres ça avait l'air super. Je ne comprenais pas ce que j'avais bien pu mal faire.

En relisant l'histoire avec quelques années de recul, je me dis que je n'ai rien fait de mal et surtout que ce n'est pas de ma faute.

L'arrivée d'un bébé va venir secouer la personne que l'on était, et on va s'ajuster pour apprendre le rôle de mère, comme on a pu le voir dans le premier chapitre du livre. On va sûrement ne plus se reconnaître soi-même, mais en plus de cela, on va devoir également découvrir une nouvelle personne, le papa ou la seconde maman. Notre partenaire va aussi vivre de fortes secousses identitaires. Même si on est en couple depuis longtemps, on n'a jamais rencontré le coparent, car en réalité on connaît notre partenaire, pas le parent qu'il va devenir. Et c'est cette nouvelle rencontre qui est déstabilisante.

En fait, moi je me disais toujours « on est soudés de fou », on est fusionnels même. On était vraiment fusionnels. J'idéalisais notre couple à fond, et je pense que notre couple était très beau, même s'il y a plein de problèmes comme dans tous les couples. Mais là, j'ai découvert une nouvelle personne, aussi. Moi je suis devenue une nouvelle personne. (…) En fait, je n'ai pas eu l'impression qu'il avait changé, j'ai eu l'impression que j'ouvrais les yeux sur lui. Et ouais, c'est comme une nouvelle rencontre puisque t'as l'impression que tu ne connais pas la personne avec qui t'as vécu depuis neuf ans, quoi ! C'est dingue.

CÉLIA

Il est aussi fort probable que l'on se soit fait toutes sortes de projections sur la manière dont notre partenaire allait être en devenant parent. Que l'on soit ensemble depuis des années ou quelques mois, pendant la grossesse il est bien normal d'essayer de se projeter quand une situation aussi nouvelle nous attend.

Le souci, c'est que bien souvent les projections sont assez loin de la réalité. Encore une fois, il est important pour moi de spécifier qu'il n'y a pas une seule version de la réalité, mais que j'écris selon ce que j'ai pu observer dans le cadre de mon travail et dans ma vie personnelle.

J'ai remarqué, au fil de mes discussions, que certaines similitudes revenaient dans les expériences des mères et des couples. En matière de temporalité tout d'abord, j'ai remarqué que lorsque le coparent a pu prendre un congé paternité, ces premiers jours se passent généralement plutôt bien. Les parents me parlent de « petit cocon », de « temps suspendu » :

> Tout allait très bien jusqu'à ce qu'il reprenne le travail. Il est resté un mois à la maison, parce qu'à l'époque le congé paternité c'était 11 jours, donc il a posé deux semaines de vacances à côté. Tout le temps, on était tous les trois, c'était super, on a eu une sorte de cocon ; un peu divin, quoi. Et puis quand il a repris le travail, ça a été la catastrophe. Moi j'étais toute seule avec Ulysse. Ulysse pleurait. Je ne pouvais pas manger. Les douches, c'était quand je pouvais. J'ai toujours réussi à prendre une douche, parce que pour moi c'est quelque chose de super important, mais parfois c'était à 16 heures. Et en fait, je crois qu'il n'a pas compris à ce moment-là que je sombrais.

RENÉE

> Ces trois premières semaines, ça a été finalement, parce qu'avec ma fille, ça se passait bien, et mon conjoint était là et aucun de nous deux n'avait repris le travail. On était vraiment dans une bulle, on n'est pas dans le quotidien, et je pense que les choses pour moi se sont vraiment gâtées quand il a repris son travail, lui.
>
> **CÉLIA**

LES DÉSÉQUILIBRES AU SEIN DU COUPLE

On dit souvent que les pères d'aujourd'hui sont bien plus investis que ceux d'hier, que pour la plupart ils se sont intéressés à la grossesse, à l'accouchement et qu'ils souhaitent jouer un rôle dans cette expérience. J'aimerais bien vous dire que c'est le cas, et qu'il y a vraiment eu un changement de paradigme. Malheureusement, les chiffres récents de l'Insee et les récits des mères ne sont pas en accord avec cette affirmation.

Pour donner un exemple révélateur, l'Insee a publié un rapport qui porte sur le mois de mai 2020 lors du premier confinement. Ce dernier révèle que 91 % des mères d'enfant de moins de 3 ans s'occupent en moyenne quatre heures par jour de leur enfant, contre 49 % des hommes.

La remarque générale que je peux faire après avoir échangé avec les mamans du documentaire, c'est que si le coparent est plutôt présent durant le congé paternité, la situation se complique vraiment lors de la reprise du travail qui, rappelons-le aujourd'hui, doit se faire plus ou moins trois semaines après la naissance.

Le coparent doit retourner travailler, et ici débute le grand déséquilibre. La mère se retrouve seule à gérer un nouveau-né en étant encore en convalescence de l'accouchement et, qui plus est, très souvent dans un contexte de fort isolement.

Il faut quand même rappeler que les journées d'une mère en congé maternité sont bien souvent lunaires, et qu'il faut le vivre pour le croire : manger et prendre une douche relèvent du luxe ultime, les seules conversations sont les gazouillis que notre bébé veut bien nous offrir.

Alors bien sûr, cela ne veut pas dire que l'on ne va pas ressentir une grande joie de passer tout ce temps avec son bébé. Mais cela n'empêche qu'il s'agit bien d'un travail à part entière et que la plupart des mères qualifieront en ces termes : c'est plus fatigant de rester une journée entière avec son nouveau-né que d'aller travailler.

Tout simplement parce qu'au travail, on a du temps pour soi. Avec un tout petit bébé qui demande notre attention en permanence, non.

Et bien souvent, le coparent fait lui aussi face à d'autres difficultés : par exemple, garder un niveau de productivité au travail malgré les nuits hachées, la pression d'assumer parfois une partie plus importante du revenu du ménage pour pallier le manque du deuxième salaire, sa propre construction identitaire en tant que père...

Mais, si on veut avancer, il est important de dire les choses qui fâchent. Et la chose qui fâche que je m'apprête à révéler et que j'ai souvent pu observer, c'est que les pères ont une tendance à se focaliser sur le travail pour échapper à la charge parentale et domestique. En effet, même si le travail peut être éprouvant, comme évoqué plus haut, cela reste un lieu de liberté, de mouvement, d'expression de soi, de communication.

Alors, il est facile de prétexter une augmentation du travail pour échapper aux tâches pénibles comme s'occuper non-stop d'un tout-petit, faire les courses, le ménage, préparer les repas, aller aux rendez-vous médicaux. Et ce d'autant plus lorsque le coparent a reçu une éducation qui a toujours érigé les mères comme celles qui devaient faire, et les pères, ceux qui avaient le choix. Il est plus facile de se cacher derrière ces privilèges qui subsistent toujours, quoi qu'on en dise.

On ne pourra jamais prédire les difficultés par lesquelles un couple est susceptible de passer, cela dépend de tellement de choses : de l'état de la relation avant l'enfant, de l'éducation, du travail d'introspection fait avant… Mais j'aimerais tout de même m'arrêter sur les trois problématiques qui revenaient régulièrement dans presque toutes les discussions que j'ai eues avec les mères :

1. La fatigue.
2. Le déséquilibre d'investissement.
3. Le manque d'empathie.

LA FATIGUE

Ce n'est pas pour rien que la fatigue est une technique de torture encore utilisée dans certains pays en guerre. Cette fatigue intense, normalement vous ne l'avez jamais éprouvée dans votre vie avant d'avoir un enfant. Donc avant d'en faire l'expérience, vous ne pourrez pas savoir comment vous allez y réagir. Mais pour la plupart des humains, le manque de sommeil est vraiment problématique.

Dans mon cas, le manque de sommeil a été tel que j'ai cru que j'allais simplement mourir (mon bébé souffrait d'une maladie qui rendait le sommeil presque impossible, à savoir le fameux RGO). C'est un constat également partagé par de nombreuses mères que j'ai rencontrées.

Toute ma vie en a été affectée : quand on ne dort pas, tout devient insupportable, absolument tout. Je n'avais plus aucune patience, plus aucun goût à rien puisque j'étais en mode survie. Évidemment, dans ce contexte, il est très difficile d'avoir des relations épanouissantes avec la personne qui partage votre vie. Discuter devient impossible puisqu'on est trop fatiguée, la moindre petite chose va vous énerver, et prendre du temps pour soi ou pour son couple sont des choses tout simplement trop difficiles quand le sommeil ne suit pas.

Dire à des personnes qui sont fatiguées, qui parfois ont vécu des épreuves douloureuses, où on va être sur de la frustration, de la rancœur, de l'agacement, etc. : « Il faut passer du temps ensemble, ça ira mieux. » Mais en fait, t'as pas envie ! Parce que ça va être un effort, sans le retour sur investissement, parce qu'en plus c'est un investissement de prendre du temps, d'aller s'ouvrir à l'autre ; et parfois l'autre n'est même pas réceptif, ou comme toi tu l'aurais voulu, ou ne sait pas quoi te dire et ça te renvoie à ta solitude et tout... Donc ça fait peur, donc en fait, ça ne règle pas ton problème. C'est pour ça que j'aime bien dire qu'il faut prendre du temps – pas beaucoup de temps – et puis peut-être au début il faut prévoir une activité, ou prévoir des sujets sur quoi parler... Enfin avoir de la matière, en fait. Tu dis : « Mon objectif c'est de passer du temps ensemble ? Ou est-ce que mon intention c'est qu'on recrée quelque chose ? » Et pour moi, il y a une petite nuance, parce que du coup, tu vas appréhender aussi le moment ensemble différemment. Il n'y aura pas l'enjeu de « là, si on n'arrive pas à être ensemble, c'est que ça ne va pas ».

CÉCILE

LE DÉSÉQUILIBRE D'INVESTISSEMENT

Le déséquilibre d'investissement est aujourd'hui la norme en France, même si des progrès ont été faits ces dernières années, grâce notamment aux féministes qui se sont battues pour une meilleure répartition des tâches domestiques et parentales. Aujourd'hui, on parle beaucoup des « nouveaux pères » :

> On parle souvent des nouveaux pères, sauf que c'est un concept qui existe depuis les années 1970-1980, concrètement. Donc venir dire à des papas qu'ils sont formidables, c'est déjà ce qu'on disait il y a 20 ans, il y a 10 ans ; et aujourd'hui il suffit de changer une couche pour être un mec formidable. Il y a un changement qui s'est opéré au niveau des pères, c'est sûr. D'ailleurs les études le montrent, les pères passent plus de temps avec leurs enfants qu'avant, mais la question c'est : quel temps on passe avec les enfants ? Parce que si c'est pour aller jouer au parc, pendant que maman se cogne la lessive, le ménage et machin ; je ne sais pas si c'est exactement le deal que les mères avaient prévu : perdre le temps de jeu avec les enfants, et qu'elles se tapent toujours la charge éducative, familiale et domestique. Je ne sais pas si c'est ce qui était prévu dans le projet.
>
> **CÉDRIC**

Ce schéma existe vraiment aujourd'hui, où la moindre attention ou tâche que vont faire les pères vont être ultra valorisées. On va leur dire qu'ils sont de super papas dès qu'ils changent une couche, on va s'émerveiller de les voir porter leurs enfants ou de divertir des enfants au parc. Ça paraît fou, mais je l'ai vécu comme tant d'autres mères avec qui j'ai échangé.

Généralement, ce sont beaucoup les générations précédentes, nos mères, nos grands-mères qui vont faire ce genre de commentaires : parce qu'elles-mêmes n'ont pas connu cela du tout. Mais on a le droit de revendiquer notre droit de vouloir un coparent présent, vraiment investi, même si d'autres générations n'ont pas eu un dixième de cela. Il faut faire monter le niveau et pas le niveler vers le bas ou le faire stagner.

> **Admettons qu'on fasse 50-50 avec Julie. Je vais me dire que par rapport aux autres papas, elle devrait être contente d'être avec moi, parce qu'en vrai je suis hyper investi, je fais ça, ça, ça…**
>
> **LUCAS**

Tout cela pose un problème lorsque les mères, qui ont toujours effectué ces tâches basiques, ne sont jamais félicitées. On ne va jamais s'exclamer : « Quelle mère merveilleuse, regardez ! Elle change son bébé ! »

Ce phénomène porte un nom, il s'agit du *dad blessing* et *mom shaming.*

De là, on peut commencer à dresser un portrait de cette nouvelle génération de pères qui se montrent peut-être au parc le dimanche, mais qui toute la semaine ne prennent pas de réelles dispositions pour être dans un partage égalitaire des tâches (ménagères et éducatives).

J'ai bien conscience que ce n'est pas ce que l'on a envie d'entendre quand on est enceinte et que l'on se réjouit à l'idée de fonder une famille.

Personnellement, j'aurais aimé avoir l'occasion d'accéder à cette information. J'aurais pu l'intégrer et prendre des dispositions quand il me restait du temps disponible afin d'entamer un dialogue dans mon couple et établir un plan d'actions pour ne pas tomber dans un quotidien toxique.

Le concept de charge mentale

Car ce qui nous tombe dessus, c'est un quotidien trop pesant qui nous avale totalement et nous empêche de profiter des premiers instants de vie de nos bébés, moments que l'on ne rattrapera jamais. Alors, autant mettre les chances de notre côté et prendre des dispositions pour bien analyser comment est répartie la charge mentale dans notre couple avant d'y accueillir le petit truc de trois kilos le plus chronophage de la Terre.

> Avant la naissance de l'enfant, on a beaucoup parlé sur la manière dont on s'occuperait de l'enfant ensemble, comment on allait compenser un peu le fait que moi j'allais allaiter, et donc prendre déjà un peu en charge les nuits, ou les trucs comme ça, et sur ce qu'il pourrait faire lui pour m'aider. Donc voilà, tout ça était bien mis en place, ou en tout cas, on était d'accord, tu vois. Ça n'a jamais été un sujet de conflit avant. J'espère que ce n'était pas conscient, mais en tout cas, dans mon couple à partir du moment où l'enfant est arrivé, le patriarcat est venu en même temps, tu vois, genre à la maternité. Et du coup, le conflit s'est tout de suite situé dans « qui renoncerait le moins à sa vie d'avant et qui pourrait garder tous ses privilèges ? ». Et assez naturellement, et de son fait, mais aussi du fait de la société, de l'entourage, etc., c'est moi qui devais renoncer à toute ma vie, pour que lui puisse continuer à aller travailler quand il voulait travailler, aller faire du sport tous les dimanches.
>
> **LOLA**

Comme Lola, j'ai aussi eu cette impression que le patriarcat est arrivé dans mon couple au moment où mon fils est né. En fait, le patriarcat n'est pas vraiment arrivé à ce moment précis sans crier gare. Au contraire, il a toujours été là et on ne l'avait pas vu, ce qui est d'autant plus choquant.

L'arrivée d'un enfant et la responsabilité que cela met sur les épaules des mères viennent restructurer tout le fonctionnement du couple. Et bien souvent, on se rend compte que l'on reproduit le schéma que l'on a reçu de son éducation. Même si cela peut paraître moins violent qu'avant, les processus en place restent les mêmes, à moins que l'on ait beaucoup travaillé dessus pour déconstruire en amont tout ce qui ne nous plaisait pas, et que le coparent ait eu la même démarche.

> La vérité, c'est qu'on apprend à devenir parents, mais on manque cruellement de modèles. En fait, le seul modèle qu'on a à disposition, c'est celui de nos parents. Déjà, on doit faire face à un tsunami émotionnel, au niveau de l'organisation, au niveau des représentations symboliques… Donc il faut qu'on arrive à maîtriser tout ça, on est un peu en « modalité survie » ; notamment les premières années. Et qu'est-ce qu'on fait ? On réplique, on s'accroche à ce qu'on connaît déjà. C'est donc très souvent par ce biais que les modèles qu'on voulait éloigner, en réalité, rentrent par la fenêtre.
>
> **MANUELA**

On en reparlera dans le chapitre suivant, mais il faut bien avoir en tête que nous sommes la première génération à demander aux pères de s'investir auprès des petits enfants. À l'époque de nos mères, les pères n'avaient pas leur place dans cette sphère. Les bébés, les couches, l'accouchement, le soin globalement, c'était un truc de femmes. Les pères, eux, avaient leur carrière, la responsabilité financière.

Une grande partie des pères d'aujourd'hui ont donc grandi avec des *caregivers*[6] féminins. Ils n'ont jamais eu de modèle masculin qui prenait en charge les activités de soin. Et c'est en partie pour cette raison que ce rôle semble si peu «naturel» pour eux. Mais tout cela est une construction sociologique, pas biologique.

Malgré le fait que nous ayons l'impression d'être dans une société progressiste (ce qui est faux), lorsqu'il s'agit de maternité, un retour de cinquante ans en arrière s'opère et l'on se rend vite compte que notre situation actuelle n'est pas si différente de celle de nos propres mères. Il s'agit là d'une attitude sociétale à changer. Encore aujourd'hui, 82 % des rendez-vous sur Doctolib sont pris par les mères. Ce n'est qu'un exemple où l'on a la chance d'avoir un résultat statistique. Sur tous les aspects de la charge mentale, il existe peu d'études significatives et inclusives. Par conséquent, cela pose problème puisque sans données, on ne peut rien prouver et tout reste subjectif.

Je vais donc me permettre d'être subjective et faire une petite liste des choses que les mères gèrent généralement beaucoup plus que les pères de nos jours. Cette liste non-exhaustive est basée sur ma propre expérience et des centaines de témoignages :

- L'alimentation : se renseigner si l'on souhaite allaiter ou non et porter cette charge seule, ce qu'il faut acheter, réfléchir aux repas de l'enfant et faire les menus (qui doivent être sains et adaptés à l'âge); si l'enfant a des allergies : connaître les aliments qu'il peut manger ou non (donc assumer le fait que s'il y a un souci ce sera de notre faute puisque nous sommes les seules à être les plus renseignées sur l'allergie); si on souhaite faire la DME (diversification alimentaire menée par l'enfant) : se renseigner sur le

---

6. Dans le contexte de la parentalité, un *caregiver* se réfère à une personne qui assume la responsabilité principale des soins et de l'éducation d'un enfant. Cela peut inclure les parents biologiques, adoptifs, les tuteurs légaux ou toute autre personne qui prend en charge les besoins physiques, émotionnels, sociaux et éducatifs d'un enfant.

processus, sur les gestes des premiers secours, vérifier que les placards sont toujours pleins avec des compotes/fruits/gâteaux, sinon rebelote…

- La santé : prendre les rendez-vous avec les professionnels de santé et s'y rendre (si les deux parents travaillent, c'est surtout la mère qui va prendre sur son temps), suivre l'avancement des vaccins, maladies, traitements, se renseigner sur comment on soigne les maladies et quels médicaments avoir et donner en cas de souci…
- L'habillement : acheter les vêtements de la bonne taille, les laver, ranger, trier, recycler ou vendre les vêtements trop petits, raccommoder, savoir quels vêtements acheter en fonction des saisons, connaître la taille de chaussures et quelle paire utiliser pour telle ou telle journée…
- Le développement : se renseigner sur les phases de développement moteur/émotionnel/éducatif (en lisant des tonnes d'articles, de livres) que l'on va tenter de restituer au coparent qui lui n'aura pas lu les livres. Cela suppose un travail d'éducation personnelle (chercher puis trouver les ressources, les ingérer, les mettre en pratique avec l'enfant et les restituer au coparent : cela est extrêmement chronophage et fatigant), trouver un mode de garde et prendre du temps pour emmener les enfants le matin et les récupérer le soir, et pareil avec les activités…

Honnêtement, cette liste est sans fin, elle pourrait être rallongée à l'infini. Cela est un bref aperçu de la charge mentale que bien souvent la mère porte seule ou presque.

Et ces tâches sont directement liées à l'enfant. Il est également nécessaire, pour donner un vrai aperçu, d'ajouter toutes celles qui sont liées au foyer telles que le ménage, les courses, l'élaboration des repas du couple, le rangement quotidien, etc., ainsi que celles liées au partenaire : organiser des moments à deux, avoir une vie intime, être un soutien pour l'autre, voire même dans certains cas, s'occuper de prendre les rendez-vous médicaux ou d'acheter les vêtements de son compagnon...

Puis ajoutons aussi la charge liée au travail : devoir être performante comme si l'on n'avait pas d'enfant, avoir l'ambition d'une carrière pour être bien vue, contribuer significativement aux revenus du ménage...

Et enfin, la charge liée à soi-même qui passe toujours en dernier : se préoccuper de sa santé physique et mentale, de son propre développement, faire des activités pour soi... Là je pense que je n'ai pas besoin de vous préciser que ce dernier maillon saute souvent, par manque de disponibilité parce que les autres charges ont pris toute la place.

LE MANQUE D'EMPATHIE DU COPARENT

Quand la personne va dire « j'en ai marre, c'est moi qui fais tout », forcément en face on va avoir quelqu'un qui dit « non, moi aussi je t'aide : je fais ça et ça ». Et en fait, on s'aperçoit qu'on ne parle pas du tout de la même chose, et du coup, là, ça va être intéressant d'aller un peu plus loin. OK, en fait là on ne parle pas de l'aspirateur, on parle de « je me suis sentie seule, je ne me sentais pas soutenue, je ne me sens pas respectée ». Et donc finalement, on va parler de choses bien plus profondes, comme de famille avec un papa et une maman. Où la femme exprime qu'elle ne se sent pas respectée, et la réponse est « ah, mais non, ce n'est pas possible, bien sûr que je te respecte ». Et là on va essayer de parler au-delà des tâches ménagères, au-delà du quotidien, au-delà de la fatigue ; vraiment de ce qui fait mal en fait. On va parler de ce qui fait mal, et c'est là où l'autre, généralement, se dit : « On n'est pas en train de m'accuser d'être un mauvais père là, je suis en train d'écouter une souffrance de ma partenaire. » En tout cas, c'est aussi ça notre rôle, on va servir de médiateur et de décodeur.

CÉCILE

Comme le relève très justement Cécile, qui voit passer des couples blessés toute la journée, le problème ne se trouve pas uniquement dans le partage des tâches. Il se trouve aussi dans l'attitude du coparent lorsqu'on demande du soutien ou qu'on émet un appel à l'aide. Une attitude extrêmement désagréable quand on parle de tâches parentales et domestiques et qui revient souvent, c'est le « Mais si ! Je t'aide ! ».

Généralement, le dialogue est un peu brisé car le coparent n'a pas idée de l'étendue de la charge que nous portons. Il a le sentiment d'en faire autant que nous. Ai-je vraiment besoin d'expliquer à quel point cela fait mal de l'entendre ? Car dire une telle chose, c'est invisibiliser tout le travail que l'on abat. C'est invisibiliser tout l'investissement que ça nous a demandé de restructurer complètement notre vie pour que la famille fonctionne bien un minimum et qu'il y ait du lait en poudre tous les matins pour nourrir l'enfant. C'est invisibiliser la charge mentale qui nous écrase, c'est ne pas prendre en considération que tout cela est difficile pour nous, et c'est surtout profondément injuste et blessant.

Et précisons que nous n'attendons pas du coparent qu'il nous aide, mais qu'il fasse sa part. C'est une approche très différente.

L'adage « il faut tout un village pour élever un enfant » est tellement vrai. Aujourd'hui, on demande à des femmes de porter sur leurs épaules une charge qui est écrasante et qui rend l'expérience de la maternité si ce n'est désagréable, extrêmement difficile. Le coparent n'est pas si présent, la famille est loin, les institutions ne mettent rien en place pour aider…

Et si vous n'êtes pas assez déprimé·e·s, j'insiste encore un peu en précisant que le pire dans tout cela est le sentiment d'échec et de culpabilité qui ronge les mères. Si ce n'était qu'une to-do list infernale, ça irait peut-être mieux. Mais non, nous sommes constamment prises dans cet étau où nous nous sentons tellement débordées de tous les côtés, que nous avons le sentiment de ne rien gérer. De là naît le sentiment d'échec, conduisant à la fameuse culpabilité.

J'aimerais dire aux mères qui me lisent que vous faites un travail surhumain au sens littéral du terme. J'espère qu'à cette lecture, vous comprendrez que cette charge est trop lourde pour une seule personne et que vous vous ferez un câlin à vous-même, parce que c'est ce que vous méritez.

Je suis allée à la rencontre de Manuela Spinelli dans le cadre du documentaire. Manuela est enseignante-chercheuse à l'université de Rennes et est spécialisée dans les études de genre (représentations et constructions de la féminité et de la masculinité), de littérature et de civilisation. C'est forte de sa connaissance théorique qu'elle nous donne des clés pour comprendre les enjeux actuels de la maternité, mais aussi le cheminement historique autour de la question. Son témoignage nous permet de comprendre, au-delà de notre condition contemporaine de mères, les enjeux des mamans d'hier et d'avant-hier.

« Durant la deuxième moitié du XIXe siècle, la France a commencé à mettre en place des cours d'éducation ménagère à l'école, par exemple. Donc les choses sont reliées, parce que petit à petit, on a commencé à relayer le mythe de la femme ménagère. On fait une image comme une sorte de destinée valorisée et valorisante. C'était vraiment l'idée que la femme avait un rôle à jouer, qu'elle pouvait, en quelque sorte, contribuer à l'amélioration de la vie de la famille, mais aussi de la nation, en jouant le rôle de celle qui prend soin des enfants, et des futurs citoyens en fait. Donc on a valorisé ce rôle, on a commencé à parler de la reine, par exemple, à l'intérieur du foyer, on a commencé à dire que c'était la femme qui avait le pouvoir dans le foyer, alors que l'homme c'était à l'extérieur. On a créé ce mythe des sphères séparées, dans lequel les hommes et les femmes ont tous les deux des pouvoirs, avec des domaines d'exercices différents. C'est en réalité des stéréotypes et des discours qu'on mettait en place pour faire passer la pilule, on pourrait dire aujourd'hui. Peut-être que ce n'était pas si conscient que ça, mais derrière, on voit qu'il y a petit à petit plusieurs pièces qui se mettent ensemble. Il y avait vraiment à l'époque, un discours économique, social, culturel et religieux aussi ; et tout ça a fini par créer cette image de femme au foyer et de mère aimante, qui est un peu encore aujourd'hui le modèle de référence.

MANUELA

Le témoignage de Manuela m'a ouvert les yeux sur le fait que la maternité était une construction sociale. Que ce que j'avais toujours pris pour acquis et considéré comme naturel (la maman qui s'occupe des enfants, car c'est elle qui sait et doit faire), n'était en fait pas naturel du tout, mais bien construit.

Et si c'est construit, alors tout cela m'a été imposé. Et ça ne me va pas.

Ce qui est heureux en revanche dans cette découverte, c'est que tout ce qui a été construit peut être déconstruit. Et qu'il est temps de s'autoriser à inventer de nouveaux chemins, qui nous correspondent, dans lesquels on peut s'épanouir en tant que personne, dans lesquels on peut vivre sa maternité sereinement et joyeusement.

Pour ce faire, il est urgent que les coparents prennent la mesure de tout ce travail que les mères abattent au détriment de leur santé mentale (car c'est du travail que l'on fait : gratuitement et sans un « merci »). Une des choses qui m'a le plus manqué dans mon couple est le manque de reconnaissance. Je visualisais ma vie à cent à l'heure avec aucun temps de pause et aucun temps pour moi. J'avais l'impression de fournir un effort surhumain pour faire en sorte que tout cela tourne, et personne ne me disait merci. J'avais vraiment envie qu'on me prenne dans les bras, qu'on me fasse un gros câlin et qu'on me dise que c'était incroyable tout ce que je gérais. Ça aurait été le minimum vital pour moi. Mais au lieu de ça, on ne m'a pas remerciée comme je l'attendais : j'ai compris par la suite que c'était précisément ce qui était attendu de moi. Que je fasse tout, et sans me plaindre.

> Il y a eu un moment où les choses ont continué telles quelles pour lui, tandis que moi je me noyais un peu dans la maternité. Et quand j'ai essayé d'en parler, si tu veux, il n'y avait personne en face. Parce que la réponse que j'avais, c'était : « Tu es la mère, c'est toi qui sais mieux, il a besoin de toi, il a besoin de sa mère. »
>
> **LOLA**

Il faut comprendre qu'encore aujourd'hui les pères sont ceux qui ont le choix de laisser les mères porter seules cette charge écrasante du quotidien. On a le droit de le dire, et les personnes sensées comprendront que ce n'est pas une attaque. C'est un constat. Afin de pouvoir rectifier le tir, les coparents doivent prendre la mesure de leurs privilèges, qui se transforment souvent en injustices pour les mères.

J'entends que cela puisse être (au début) difficile pour un homme de comprendre qu'il a des privilèges. J'entends que la gymnastique mentale et le chemin à faire sont potentiellement ardus pour déconstruire toute une éducation.

> **Avant qu'un de mes amis devienne papa, trois ans avant que je le devienne, je n'avais jamais vu un homme changer une couche. Jamais. Je ne sais pas si tu imagines quoi. J'ai passé 33 ans, 34 ans de ma vie sans jamais voir un homme changer une couche. En fait, je sais que ça peut choquer beaucoup les femmes et les mères engagées quand je dis ça… Mais en fait il faut comprendre qu'il y a un câblage qui nous manque ; et que c'est un vrai travail de recâbler ça.**
>
> **CÉDRIC**

Aujourd'hui, il existe de nombreuses ressources, le tout est d'oser, de trouver le courage en soi-même pour amorcer cette nouvelle aventure. Le chemin peut être vite accompli pour les personnes volontaires, avec quelques bases de compréhension : comprendre que les mères ne sont pas plus compétentes pour s'occuper des enfants, que ce n'est pas leur mission divine, qu'elles ont aussi l'envie et le droit d'avoir du temps pour elles ; comprendre que la société a joué un rôle important dans la construction du statut social de mère/père et que cela rend tout le monde malheureux ; mais surtout, comprendre qu'il faut de l'EMPATHIE.

En parlant avec les mamans du documentaire, j'ai vraiment noté que le manque d'empathie revenait presque toujours lorsque je soulevais les difficultés dans le couple. Et cela pose un grand problème, car si l'on ne se sent pas soutenue, écoutée, en sécurité dans la relation avec le coparent de notre enfant, cela est évidemment annonciateur de problèmes qui vont s'accumuler : tensions, disputes, tristesse, mal-être…

> **Je me souviens des premiers mois où c'était très dur pour moi, et lui allait au sport trois fois par semaine, en plus du travail. Et moi, je ne comprenais pas, on ne se comprenait**

> pas quand il me disait que lui aussi avait besoin de souffler. Mais toi, tu travailles, tu souffles, et moi j'ai besoin de toi. J'ai vécu une dépression du post-partum, et j'étais là en train de me dire : « Ça ne se compare pas ce qu'on vit, moi j'ai besoin de souffler, et j'ai besoin que quelqu'un soit là. Tout de suite, j'ai besoin que tu rentres du travail, et que tu ne partes pas, parce que c'est vital. » Un soir, il est rentré et je lui ai dit : « Là, je veux mourir. » Mais vraiment. Et il m'a engueulée en me disant : « Tu ne peux pas me dire des trucs comme ça, on a une magnifique petite fille. » Et là, j'ai compris qu'il ne comprenait pas.
>
> **CÉLIA**

Je pense que l'on a déjà toutes déjà vécu ce moment, où l'on cherche du soutien auprès de son partenaire, et l'on se retrouve face à un mur de pierre. Je ne sais pas si ce sentiment sera partagé par vous, lectrices avec enfants, mais j'étais encore plus déçue de remarquer le manque d'empathie du père de mon fils. J'estimais qu'on avait accompli une chose si belle que ce sentiment de ne pas me sentir soutenue comme je l'entendais était très présent.

Le manque d'empathie revient très souvent dans les relations hétérosexuelles que j'observe autour de moi. C'est un problème très largement répandu chez les hommes.

Ce sujet m'intéresse depuis un certain temps, depuis aussi longtemps que j'ai fréquenté des hommes et où j'étais vraiment dubitative de me voir autant aimer ces personnes, et de toujours m'étonner de leur manque de compassion, d'empathie, de générosité émotionnelle. Et de remarquer que les relations s'enchaînant, ces caractéristiques se manifestaient toujours plus ou moins chez chaque nouveau partenaire.

DÉCONSTRUIRE LES STÉRÉOTYPES TOXIQUES

J'ai lu un livre dans ma vingtaine intitulé Intervertir : *Les hommes viennent de Mars, les femmes viennent de Vénus*. Un best-seller dans plusieurs pays (écrire ces lignes est difficile pour moi, vous comprendrez dans quelques minutes). Ce livre m'a expliqué de manière assez détaillée le fonctionnement des hommes et des femmes. Les hommes ne montrent pas leurs sentiments, parce qu'ils sont forts, ne pleurent pas, n'aiment pas la romance. Pour leur plaire, il ne faut pas trop leur parler intimement, ne pas être trop proche, ne pas trop leur en demander. Les femmes, elles, adorent les effusions de sentiments, adorent prendre soin des autres, etc., vous avez compris l'idée.

Il s'agit de ces idées – très largement répandues encore aujourd'hui – que les hommes seraient comme ça et les femmes comme ça, et puis c'est tout. C'est la vie. Les émotions, la douceur, le maternage pour les filles, les gros bras, l'action et le pouvoir pour les garçons.

Quand on regarde l'état actuel de nos sociétés, on peut se dire que ces descriptions sont pertinentes, que c'est assez réaliste. Ce qui m'embête là-dedans, c'est que ces théories sont diffusées avec l'idée sous-jacente que la nature nous a faits ainsi, que nous ne pouvons rien faire à cela, que nous devons simplement nous faire à l'idée et nous y conformer.

Tout cela est FAUX !

LES IDÉES PRÉCONÇUES SUR LE GENRE

Ces définitions des genres sont vraiment dangereuses et affectent notre vie d'une manière insidieuse et tellement plus profonde que ce que l'on croit.

C'est en élevant un petit garçon que j'ai pu constater des différences dans le traitement des enfants filles et garçons, et que j'ai compris que ces différences que je prenais pour naturelles, car généralisées, étaient en fait une histoire d'éducation.

Très tôt, j'ai vu qu'on attribuait des traits de caractère bien spécifiques à mon bébé parce qu'il est né garçon. Cela a commencé par les vêtements toujours bleus qu'on lui offrait, le manque dans la diversité des jouets (petites voitures, tracteur, ballons…), puis des réflexions comme «il est fort comme un garçon» ou encore «un garçon, ça ne pleure pas» que j'ai entendues de nombreuses fois au parc.

Il y a une méthode dite de socialisation des enfants, que l'on alimente sans s'en rendre compte puisque nous avons nous-mêmes été socialisé·e·s ainsi. Pendant la socialisation primaire (qui dure environ jusqu'aux 12 ans de l'enfant), on comprend comment se comporter, comment parler, ce qui est bien ou mal… On intériorise des aspects fondamentaux de la culture d'une société, y compris les langues, les normes de comportement, les rôles sociaux, les croyances et les valeurs. Ces éléments façonnent la manière dont les individus interagissent avec leur environnement et les autres membres de la société. La famille joue un rôle central dans ce processus, car elle est généralement la première et la plus influente source de socialisation primaire pour la plupart des individus. C'est aussi à ce moment-là qu'on développe notre identité et notre confiance en soi. En bref, la socialisation primaire est un processus important de l'enfance, où on apprend comment être un membre normal et bien intégré de notre culture et de notre société.

En revanche, il est important de prendre conscience aujourd'hui des conséquences de cette socialisation genrée, parce qu'elle est délétère.

En agissant de manière aussi binaire, on prive les bébés garçons de développer de nombreuses compétences, notamment celles relationnelles. Je laisse la spécialiste de la question Manuela nous détailler cette problématique :

“On met une apparence presque biologique, sur quelque chose qui en réalité est construit, et qui a une histoire. On peut vraiment retracer l'histoire de l'« instinct maternel ». Dès qu'on naît, et même sans le vouloir, on commence à pousser les petites filles vers le maternage. On leur offre par exemple des jouets ou des activités ludiques qui sont liés à ce domaine. Mais aussi, parce qu'on valorise l'expérience ludique de ces filles dans ce domaine. Parce qu'en réalité, quand on regarde les enfants, qu'il s'agisse de garçons ou de filles, il y a toujours un moment où iels sont intéressés par la question du maternage. Ne serait-ce que parce qu'iels veulent répliquer ce qu'iels voient chez les adultes. Donc iels voient une puéricultrice prendre soin d'un bébé, et l'enfant essaie de faire la même chose. Or, la grande différence est que, lorsque c'est une petite fille qui le fait, on valorise cette attitude en disant « oh tu es jolie, tu es maman ». Alors que lorsque c'est un petit garçon qui le fait encore aujourd'hui, on a les boucliers qui se lèvent.

Les émotions ne sont pas genrées, mais notre approche des émotions l'est. Donc on sait que pour les enfants on a une sorte de binarisation qui se met en place, de différenciation, parce que l'on considère que pour les garçons la seule émotion valable est l'émotion de la colère ; donc tout le reste, on les considère comme des émotions pour les filles. L'inverse est vrai aussi, c'est-à-dire que la colère est une émotion interdite aux filles. Il faut le lier aussi avec les activités ludiques dont on parlait tout à l'heure, parce que lorsqu'on empêche un petit garçon de jouer avec la poupée, en réalité ce qu'on est en train de faire est de l'empêcher de développer la compétence qui est l'attention aux autres. Quand une petite fille joue à faire la maman, qu'est-ce qu'elle est en train de faire ? En fait, elle réplique une sorte de modèle, où il y a un adulte qui met au centre les besoins d'un autre être vivant. Par ce biais, elle est en train de développer plusieurs compétences, par exemple les compétences langagières, mais aussi les compétences comme l'empathie. Et on voit bien que pour les garçons c'est beaucoup plus difficile, et en plus on a aussi des activités qui sont vraiment différenciées, qui les poussent plutôt à aller vers l'extérieur, le mouvement, vers l'aventure, vers la créativité, mais pas vers tout ce qui est l'attention aux autres, ou l'attention au vivant. Le soin, c'est une compétence qu'on apprend, mais à l'heure actuelle, on permet cet apprentissage aux filles, pas aux garçons.

MANUELA

Il est donc clair que les hommes ne sont pas dénués d'empathie à cause d'un facteur biologique. L'origine se situe dans l'éducation qu'ils ont reçue durant leur enfance et qui ne leur a pas permis de développer cette compétence. Très tôt, en les privant de jouer à la poupée, en leur demandant de ne pas montrer leurs larmes, ils ont été empêchés d'éprouver leurs émotions.

La compréhension de ce processus m'a beaucoup touchée. J'ai réalisé que l'attitude que je considérais comme méprisante, voire méchante de certains hommes que je fréquentais, était en fait de la souffrance.

Les petits garçons vivent autant d'émotions que les filles, mais on les empêche tout simplement de les vivre. Et c'est vraiment dramatique, d'autant plus que cette attitude toxique est entretenue par toute la société : la famille, l'école, les films, la culture… Et ainsi, on créé des « hommes virils », complètement coupés de leurs ressentis, des hommes en détresse émotionnelle.

Et je vous assure qu'on ne peut pas s'épanouir en étant coupé de ses émotions. On ne peut pas s'épanouir en portant un masque. Et c'est souvent cela qu'il se passe : les petits garçons vont remarquer que certains comportements sont tolérés et d'autres non, et vont commencer à se construire un « faux-moi », afin d'être intégrés dans la société, dans leur communauté.

> On a tous des souvenirs d'enfance où on nous rappelle à notre place. Moi j'ai plein de souvenirs, en maternelle, tout petit, où on me rappelait que j'étais trop efféminé, qu'un garçon ne faisait pas ça, et que mes émotions ne devaient pas se montrer, que je ne devais pas pleurer, évidemment. Que je devais adopter certaines attitudes qui étaient validées par un système, et que d'autres n'étaient pas viables. Tu passes ton temps à t'acclimater et à adopter des comportements, à te mouler dans quelque chose qui n'est pas toi, dans lequel tu te renies, tu te rejettes, tu te détestes. Et ça, forcément, ça entraîne des existences avec des crises extrêmement fortes.
>
> **FLORENT**

Ce faux-moi est un masque que l'on se met pour être accepté. Si, durant toute notre enfance, on nous a fait comprendre que les garçons n'avaient pas le droit d'exprimer de l'amour, de la tristesse, de l'empathie, d'être tristes, vulnérables, on va tout simplement les encourager à chercher à éteindre ces émotions. C'est un mécanisme classique d'autoprotection qui se met en place et qui porte un grand préjudice aux enfants garçons.

Prenons deux exemples concrets pour illustrer ces propos.

Un petit garçon de 4 ans est au centre aéré avec ses camarades. Il souhaite jouer avec les poupons, il berce le bébé, lui fait des câlins. Sa grand-mère vient le chercher et assiste à la scène où le petit garçon est entouré de filles et joue à la « maman ». La grand-mère s'interpose et lui dit : « Mais ne joue pas à cela, que fais-tu ? Pourquoi ne joues-tu pas aux voitures avec les petits garçons plus loin ? »

L'enfant va éprouver une certaine humiliation, comprendre le fait qu'il n'aurait pas dû faire cela, et ressentir la gêne de sa grand-mère. De là, il va intégrer que ce comportement fait réagir et que ce n'est pas toléré. Il va donc écouter ce qu'on lui dit de faire et ne plus oser s'approcher des poupées, et peut-être même développer une aversion pour les filles qui, elles, ont le droit de jouer à ce jeu qu'il aimait bien.

Prenons une autre situation où un petit garçon du même âge tombe, se fait mal, pleure et demande de l'aide. L'adulte qui constate la scène et la souffrance du petit garçon tient des propos du genre : « Ne pleure pas, ce n'est rien. Tu es un garçon, tu es fort, les garçons ne pleurent pas. » Que va comprendre l'enfant ? Qu'il n'est pas légitime à exprimer ses émotions.

Les enfants écoutent beaucoup plus que ce que l'on croit. Si on dit à un enfant, de manière répétée « les garçons ne pleurent pas », ils l'intègrent et cette affirmation devient leur réalité.

Une stratégie d'autoprotection consiste à couper, s'éloigner des émotions qui nous gênent au point de ne plus vraiment être en mesure de les ressentir, ou même d'éprouver une certaine peur, un inconfort lorsque celles-ci vont se manifester.

Éloigner ses émotions est un travail de tous les jours. Chaque être humain sur Terre en ressent, et il est impossible de ne pas les vivre. C'est donc une lutte intérieure qui va s'installer pour rester dans ce qui est connu, toléré, valorisé dans cette société patriarcale : la colère, la peur, la retenue, le devoir, le travail…

Et nous voilà donc avec des adultes complètement coupés d'eux-mêmes, amputés d'une partie de leur humanité, difficilement capables d'entretenir des relations saines, notamment envers eux-mêmes, mais aussi les autres et plus particulièrement leurs proches (compagne, enfants, famille élargie, etc.).

> « On vient d'une famille où on ne se dit pas trop les choses. On ne s'engueule pas souvent, voire quasiment jamais, mais en contrepartie on ne se dit pas trop les choses, tout reste un peu enfoui. J'ai vécu là-dedans, et j'ai du mal à communiquer sur mon ressenti, et je pense que j'ai même du mal à analyser mon ressenti parfois. C'est une des raisons pour lesquelles j'ai du mal à communiquer aussi, c'est de savoir mettre des mots sur ce que tu ressens. Avoir des enfants m'a aidé là-dessus, parce que tu es obligé de temps en temps pour bien comprendre ton enfant, d'essayer de comprendre ce qu'il ressent. Est-ce que c'est de la colère? Pourquoi cette frustration? Est-ce que c'est de la honte, ou un autre sentiment? Et en fait, en essayant de décrypter comme ça ton enfant, je pense que tu l'appliques aussi à toi ; et je pense que c'est une des choses sur lesquelles mes enfants m'ont fait progresser.
>
> **NICOLAS**

RÉAPPRENDRE À FONCTIONNER ENSEMBLE

Voilà pourquoi il me semble primordial, quand on parle du couple, d'aller au-delà des disputes qui peuvent survenir à cause de la fatigue qui suit la naissance d'un enfant. Comprendre nos mécanismes, mais aussi ceux de notre partenaire est une étape cruciale pour construire des relations saines et solides.

Aucun guide, aucune vidéo en 10 étapes ne pourra faire survenir la paix en vous-même et dans votre couple, tout simplement parce que cette démarche demande beaucoup de temps, de compréhension. Il s'agit d'amorcer un vrai processus de guérison.

Et pour que cela fonctionne, encore une fois, il faut être deux. Il faut que le coparent soit prêt à s'investir dans ce voyage intérieur. Il faut comprendre que c'est un vrai travail, avec des bénéfices à court terme pas toujours visibles, mais sur le long terme ça paie toujours.

Être déterminé·e·s à nous guérir, à nous engager dans une relation saine, à changer nos engagements et nos modes de fonctionnement amoureux, c'est une révolution qui peut changer le cours d'une vie. C'est décider de faire ce travail ensemble, en équipe, prendre le risque de quitter les schémas que nous avons toujours répétés et qui ne nous ont jamais profondément comblés. C'est opérer un virage à 180 degrés pour nous, pour notre couple, pour nos enfants.

Je n'ai pas de recette qui pourrait s'appliquer universellement pour que la réorganisation qui suit une naissance se passe au mieux. C'est un chemin personnel que l'on doit faire.

Certain·e·s peuvent faire de la pédagogie auprès de leur partenaire et tenter de changer les choses dans leur couple grâce à la communication, quand d'autres s'entoureront de professionnel·le·s comme Cécile, thérapeute de couple, ou passeront par la case séparation, prendront sur elles·eux et se suradapteront pour faire durer le couple le temps que les enfants grandissent, tandis que pour d'autres, cette réorganisation se fera dans la douceur. Il n'y a pas de règles, ce sera votre chemin et ce que vous souhaiterez en faire.

Il s'agit d'un grand chantier et la première pierre à poser pour construire cette nouvelle maison pleine d'amour, c'est de savoir ce que nous voulons. Je pense qu'une de mes erreurs dans ma vie d'avant a été de m'adapter en permanence à l'autre. C'est quand j'ai commencé à prendre mes propres décisions, quand j'ai commencé à me dire que je méritais le meilleur, que les choses ont changé pour moi.

Ce qui m'a aussi beaucoup aidée dans cette quête, c'était de me renseigner sur l'amour, de réussir à lui donner une définition qui me convenait et d'imaginer comment je souhaitais qu'il se matérialise dans ma vie. J'aime particulièrement la pensée de bell hooks[7] sur le sujet.

L'autrice part d'un constat alarmant, à savoir qu'il est difficile de définir positivement ce que c'est que d'être aimé·e. En effet, au sein d'une société patriarcale, l'expérience de l'amour se vit essentiellement par le prisme du manque. Nous sommes presque toutes et tous en carence affective, puisque personne ne nous apprend à aimer vraiment sainement, en nous écoutant et nous respectant. Et même pire, il y a une véritable propagande dans notre culture sur l'amour passion, l'amour qui fait mal et qui blesse. Il est donc très difficile de trouver des modèles qui nous conviennent lors de notre recherche d'un amour sain et épanouissant.

J'aime bell hooks parce qu'elle est profondément optimiste, persuadée (comme je le suis) que l'on peut instaurer des changements pour une culture où l'amour (véritable) pourra émerger.

Selon elle, pour aimer véritablement, il faut plusieurs compétences qui s'inscrivent dans le quotidien : soin, affection, mais aussi reconnaissance, respect, engagement, confiance, et communication honnête. En ce sens, par définition, l'amour et la maltraitance ne peuvent coexister.

---

7. bell hooks, de son vrai nom Gloria Jean Watkins, est une autrice et militante féministe américaine. Ses écrits et enseignements ont profondément influencé la théorie féministe en mettant en avant l'intersectionnalité, la race, le genre et la classe. Elle a publié des ouvrages importants comme *Ain't I a Woman? Black Women and Feminism* (1981) et *Feminism Is for Everybody* (2000). Son travail continue d'inspirer la lutte pour l'égalité et la justice sociales.

Pour elle, il existe une éthique de l'amour fondée sur une démarche de vérité. Il faut d'abord trouver la vérité en soi-même : faire ce travail de déconstruction des stéréotypes toxiques que l'on a ingérés toute notre vie, pour trouver sa propre définition de l'amour et la mettre en pratique.

C'est lorsque j'ai été honnête avec moi-même que j'ai pris la décision de me séparer du papa de Ferdinand. J'ai mis beaucoup de temps à m'avouer que je ne m'épanouissais pas dans ce couple, mais surtout ça m'a pris du temps pour réunir le courage nécessaire pour en sortir.

La première fois que j'ai songé à la séparation, je me souviens d'avoir été saisie par un sentiment de terreur, de peur et de culpabilité très intense. En prenant la décision de faire un enfant avec Constantin, c'est comme si moralement je m'étais convaincue que nous allions rester ensemble toute notre vie, quoi qu'il arrive. Durant toute ma grossesse, je n'avais pas songé une seule fois au scénario de séparation, comme si cela ne pouvait pas arriver.

J'ai grandi dans un environnement où mes deux parents se détestaient ouvertement. Cela prenait la forme de grosses disputes ou d'années de silence. J'en ai beaucoup souffert, et je m'étais promis de ne pas répéter le même schéma. Et pour moi, cela signifiait rester en couple, conserver ce modèle familial.

Mais au fur et à mesure du temps et des différends, le sentiment d'échec que je ressentais vis-à-vis de cette éventuelle séparation s'estompait. À chaque dispute ou désaccord, je comprenais un peu plus que j'avais deux choix : soit rester et me soumettre à cette relation qui ne me convenait pas, soit partir et entamer un nouveau chapitre de ma vie.

Cette décision a été difficile à prendre, j'avais peur de mille choses : peur de déstabiliser Ferdinand, peur de me tromper, peur de ne pas réussir à subvenir aux besoins de Ferdinand seule, peur de blesser Constantin...

Et pourtant, en mettant de côté ce sentiment d'échec et cette peur du changement, il me restait cette certitude que ni Constantin ni moi n'étions personnellement épanouis dans cette relation. Nous ne nous apportions pas ce dont l'autre avait besoin. Mais j'avais confiance en lui et en notre duo, je savais que l'on pouvait évoluer vers un nouveau type de relation.

Il me paraissait primordial de pouvoir faire évoluer cette relation avant qu'une forme de détestation mutuelle s'installe. Il fallait que l'on puisse continuer à fonctionner en tant que couple, non plus amoureux, mais parental.

C'était important pour moi d'essayer de ne pas reproduire le contexte toxique dans lequel j'avais moi-même grandi. J'avais beaucoup souffert du dialogue brisé et de la haine entre mes deux parents. Cette enfance a provoqué chez moi des difficultés bien réelles à l'âge adulte : problèmes d'attachement, d'addiction, de mauvais choix de vie… Je ne remets pas toute la faute sur mes parents, je sais que, malgré tout, il et elle ont fait leur maximum. Mais tout de même, ces tensions permanentes, cette aversion qu'ils éprouvaient l'un pour l'autre ont eu un impact significatif sur mon estime de moi. Et j'ai mis un certain nombres d'années avant de pouvoir me retrouver. C'est un chemin qui se poursuit encore et qui se poursuivra, je pense, un bon moment.

Je sais bien que, parfois, on n'a pas le choix et on doit composer avec ces situations difficiles. Parfois, on tombe sur des personnes toxiques, des pervers narcissiques, et alors, là, c'est le travail d'une vie que d'arriver à composer et de trouver la paix dans la tempête.

Mais j'espérais vraiment pouvoir faire différemment, et j'ai trouvé chez Constantin les mêmes motivations : mettre le bien-être de Ferdinand au centre, et nos ego de côté.

On a tendance à vouer un culte au couple amoureux, comme si c'était le seul duo digne d'exister et qui aurait vraiment de la valeur.

Aujourd'hui, je réfute cette hypothèse : j'ai le sentiment d'avoir construit un couple parental beaucoup plus solide et sain que ne l'a jamais été aucun de mes couples amoureux.

“

Je n'aime pas ce principe de dire « bon, il y a un enfant, donc il faut rester ensemble ». Après, il y a un autre versant qui est « un enfant est toujours mieux quand les deux vont bien ». Et parfois, justement, je trouve que les parents qui sont dans ce cataclysme et seul·e·s, n'ont pas les outils et du coup ne peuvent pas prendre le temps de voir si leur couple marche ou pas ; les choses peuvent aller vite. L'idée n'est pas de juger telle personne qui s'est séparée à tel âge de l'enfant, si c'est bien ou pas bien. L'idée c'est aussi de se dire « qu'est-ce qu'on construit après ? ». Et maintenant, on s'aperçoit qu'il y a des personnes qui ne peuvent plus du tout communiquer et chacun·e fait de son côté, avec du mépris et vraiment des sentiments assez forts et négatifs ; et là l'enfant va le sentir et le vivre. Alors que de rendre une séparation constructive en mettant l'intérêt de l'enfant en avant, et en se retrouvant en tant que couple parental qui arrive à faire équipe séparée, parce qu'il y a moins d'attentes, parce qu'il n'y a pas le quotidien, parce que les enjeux ne sont plus au même endroit en fait. Il n'y a plus d'attentes et d'enjeux au niveau du couple, alors on va le mettre au niveau de l'enfant, puisqu'on veut que ça se passe bien pour lui. Du coup, c'est de savoir si on est capables de discuter ensemble, mais aussi la place de chacun ; et ça, c'est aussi des challenges. Et quand bizarrement ça se passe bien aussi, ce qui peut être un peu perturbant des fois, de se dire « ben tiens, qu'est-ce qu'on laisse passer, est-ce que notre enfant pense qu'on est encore ensemble ou pas ? ». Puis après il y a la vie qui fait se demander ce que l'on fait quand l'autre retrouve quelqu'un, et qu'est-ce que ça va faire à l'un et à l'autre.

CÉCILE

Bien sûr, cette relation est en construction perpétuelle, mais aujourd'hui toute notre attention est concentrée sur Ferdinand et la manière de le faire grandir dans un environnement familial sain et aimant. Et pour cela, il est très important d'inventer une nouvelle façon d'être parents, même en étant séparés : d'oublier tout ce qu'on nous a toujours dit et de chercher ce qui nous correspond, à nous.

De notre côté, après un an de séparation, la relation a beaucoup évolué. Je vois vraiment Constantin comme un membre à part entière de ma famille. Passé la période post-séparation où les émotions sont très intenses, une fois l'acceptation faite, nous avons réussi à maintenir une relation d'amour l'un envers l'autre malgré tout.

“Tu sais pourquoi tu t'es mis avec cette personne. Tu avais foi en cette personne, c'est pour ça que tu as fait un enfant avec elle. Et c'est juste que c'est galère en fait. Elle a du mal, elle ne s'y retrouve pas, elle est chamboulée avec les hormones et tout ce que tu veux. Et à un moment donné, elle change, et toi aussi tu changes, mais tu ne t'en rends pas compte. Et si tu ne changes pas, ce n'est pas normal non plus !

ANTOINE

Je sais pourquoi j'ai fait un enfant avec Constantin, c'est une personne avec un grand cœur et avec qui je suis toujours capable de communiquer malgré les tempêtes, qui a une intelligence émotionnelle qui fait que l'échange et la tendresse sont toujours possibles. Ce sont ces qualités qui m'ont fait dire que je voulais qu'il soit le père de mon enfant, et elles sont toujours d'actualité aujourd'hui. Grâce à la séparation, je suis en mesure d'apprécier ces qualités sans que le quotidien pesant prenne le dessus et me les fasse oublier. Et vice versa, je suis certaine qu'il est plus à même de m'apprécier ainsi.

Je suis heureuse de voir que l'on arrive à fêter Noël, les anniversaires ou tous les moments importants en famille, que l'on passe du temps ensemble, que l'on rigole, que l'on s'appelle pour s'épauler, que l'on s'envoie plein de photos de Ferdi et que l'on se partage les petites anecdotes du quotidien, que notre relation soit bonne. Déjà, pour nous en tant que personnes, mais aussi pour Ferdinand.

> Je me suis retrouvée au moment où je me suis séparée, ce qui a été une peine infinie. Mais ça a été aussi un moment où je me suis retrouvée toute seule avec mon enfant, et j'étais capitaine de mon propre bateau. Et là, j'ai récupéré de la puissance ! Parce que je me suis fait confiance, j'ai vu que ce que je faisais fonctionnait, qu'il allait bien ; et en fait, j'ai accepté quelque part aussi le rôle de mère qui était en jachère finalement. Là, on est dans une garde partagée, une semaine sur deux, et voilà, j'aime notre famille en fait. Je ne dis pas que c'est toujours facile, parce qu'il y a des enjeux qui sont différents pour tout le monde et qui ne sont pas toujours simples en fait. Mais oui, on est une famille, et pour moi Mathilde, la compagne de Julien, est en train de prendre une place dans la vie d'Ulysse que je trouve super ! Et je suis très contente pour Ulysse aussi qu'il ait des parents différents, en fait. Tout ça pour moi c'est de la richesse.

RENÉE

J'estime avoir beaucoup mieux réussi cette séparation que ma relation. Et cela a mis un certain temps à s'ancrer, mais aujourd'hui je suis tellement fière d'avoir pris cette décision, qui a participé au bien de tous.

J'ai l'impression d'avoir pris confiance en tant que mère lorsque cette séparation a été effective et que j'ai pu être libérée de cette relation amoureuse qui ne nous convenait pas. Aussi, lorsque le système de garde alternée a été mis en place et que j'ai, pour la première fois, retrouvé un peu de temps pour moi, j'ai pu sortir la tête hors de l'eau, profiter des moments sans Ferdinand et être une mère bien meilleure à son retour de week-end. Je remarque aussi que Constantin a beaucoup gagné en autonomie dans son rôle de père grâce à cette séparation.

> Je pense que j'ai beaucoup plus de liberté qu'une mère qui est en couple et qu'une maman solo qui a un père absent. Je veux dire que j'ai vraiment des moments pour moi, plusieurs fois par mois ; et pour moi c'est une chance. Après, est-ce que je devrais en parler en ces termes-là ? Mais je vois bien que par rapport à d'autres mamans qui sont dans d'autres cas de figure, de mon côté, quand Adel part du vendredi au dimanche, qu'il fait une semaine de vacances scolaires avec son père… Pardon, je souris, mais parce que j'ai vraiment une semaine de vacances à moi ! Mais quelle mère en couple a ça ?
>
> **AURÉLIE**

Je sais aussi que ce n'est pas le cas de toutes et tous et que les séparations peuvent être très difficiles à vivre avec des relations tendues. Il faut parfois beaucoup de temps pour que la relation se stabilise. Et dans certains cas, comme celui de mes parents par exemple, cela n'arrivera jamais. Je pense que dans ces moments-là, l'important est de se protéger au maximum, et de mettre à distance le plus possible l'ex-partenaire. Ce n'est évidemment pas simple en ayant un enfant en commun. Mais il peut exister des moyens, des stratégies à mettre en œuvre pour se côtoyer le moins possible. Dans ces cas, l'acceptation de la situation et le fait qu'on ne peut pas changer les gens, représentent alors un travail que l'on doit faire sur soi.

Chapitre 3

L'HÉRITAGE GÉNÉRATIONNEL

Devenir mère m'a confronté d'une manière assez bouleversante à ma propre enfance, à l'environnement dans lequel j'ai grandi, et à mes liens avec ma famille. Je n'avais pas anticipé à quel point cette naissance me conduirait à remettre en question mes relations familiales. Et en particulier la relation avec ma mère, mais aussi celle avec mon père, mes grands-mères…

Lors de mon post-partum immédiat, une question me taraudait inlassablement : mais pourquoi donc ma mère ne m'avait jamais rien dit de tout cela ? Pourquoi m'avait-elle toujours présenté l'expérience de la maternité comme quelque chose de facile ?

Pourquoi a-t-elle tu tous ces processus par lesquels j'étais en train de passer : au niveau de mon corps, mais surtout au niveau émotionnel. Je connaissais le contexte de ma naissance : un père absent, une relation toxique, ma mère accouchant par déclenchement à 21 ans, un contexte économique difficile, peu d'informations comparées à notre époque actuelle. Et pourtant, pas un mot.

Au début, j'ai vécu cela comme une trahison. Aurais-je consenti à cette expérience si j'avais vraiment su et eu les bonnes informations ? Si elle-même ne m'avait pas révélé ce secret de polichinelle, alors je ne m'étonne pas que personne ne l'ait fait. J'espérais qu'elle m'aurait fait part de ces secrets de femmes. J'ai compris, par la suite, que beaucoup de jeunes mères se posaient les mêmes questions, voulaient aussi comprendre les raisons de ce silence de nos mères, de nos aînées.

C'est forte de ce constat général que j'ai souhaité en savoir plus, et aller poser les questions aux femmes des générations précédentes. J'ai rapidement compris que ces questions qui m'animaient, que je considère comme primordiales, ne leur avaient jamais vraiment été posées.

Je souhaitais comprendre le contexte dans lequel nos mères, nos grands-mères ont vécu leur post-partum, et de manière plus générale, l'arrivée de leur enfant. Se posaient-elles les mêmes questions que nous? Trouvaient-elles aussi ce bouleversement intense? Comment se sont-elles construites en tant que mères ? Était-ce plus facile à l'époque comme une majorité d'entre elles le proclament?

De plus, je voulais investiguer dans le monde nébuleux de la relation mère-fille et voir comment le passage d'une génération à une autre pouvait raviver des conflits, des incompréhensions réciproques... Devenir mère, relire sa propre histoire, voir sa mère devenir grand-mère, remettre en question une éducation, se rendre compte de l'investissement ou non de nos parents auprès de nous, prendre conscience des traumatismes que l'on a pu vivre et se dire que nous souhaitons tout l'inverse pour notre enfant... Autant de moments d'introspection qui peuvent faire naître de fortes contradictions et amorcer une remise en question, et dont personne ne nous parle vraiment.

Ici, on touche l'indicible, les secrets de famille derrière les images d'Épinal. Je voulais revenir aux origines de nos existences et comprendre d'où l'on vient, dans le but de mieux savoir où l'on va.

Je vous propose de commencer ce voyage dans le passé en écoutant des grands-mères et arrière-grands-mères que j'ai eu la chance d'interviewer dans le cadre de mon documentaire, afin de comprendre la condition des mères, avant nous.

L'ACCÈS À L'INFORMATION : LA CLÉ

L'interrogation première qui m'animait, c'était de savoir si elles avaient eu accès à de l'information concernant la période de l'après-accouchement. J'étais curieuse de savoir comment on leur avait présenté les choses.

> Non, on ne parlait pas du post-partum parce que ce n'était pas un sujet.

CHRISTELLE, 72 ANS

> Il n'y avait pas de terme exact pour définir l'après-accouchement. Si ça s'appelle post-partum, je ne pense pas l'avoir vécu.

JOSIE, 78 ANS

> C'est quelque chose que je ne connais pas du tout ; enfin, que je ne connaissais pas, maintenant je connais, parce que ma petite-fille m'en parle. Et je suis même étonnée que ça existe, parce qu'à mon époque, on ne faisait rien du tout, on ne s'occupait pas des mamans qui avaient eu

un bébé, rien du tout… Donc c'est une nouveauté pour moi.

MAGGIE, 92 ANS

J'ai très vite constaté que le problème était plus important qu'un simple manque d'information. Pour nos mamies, le post-partum n'existait tout simplement pas. Cette période, dont on commence à découvrir les tenants et les aboutissants, toutes les conséquences psychiques, mentales, émotionnelles, corporelles, était tout simplement un non-sujet.

Ces témoignages en disent long sur l'ignorance des femmes quant à leur propre corps, et ils révèlent aussi le déni de la société de l'époque vis-à-vis de la santé mentale et de la condition des mères. Il me paraît évident que ce sujet n'est toujours pas une priorité nationale, et c'est bien dommage. Combien d'années encore avant de comprendre que la santé mentale est aussi importante que la santé physique ?

En parlant avec les mamies, je me suis rendu compte de l'étendue de l'ignorance dans laquelle les femmes vivaient leur grossesse, leur accouchement, leur maternité, et de manière plus générale, tous les sujets qui les concernaient de près ou de loin.

“Pour un premier accouchement, on ne m'a rien expliqué. Le personnel vaque à droite, à gauche ; la sage-femme aussi était débordée… Voilà, on ne m'a rien expliqué et j'étais toute seule parce que mon conjoint n'avait pas le droit d'entrer : à l'époque on n'entrait pas dans une salle de travail. Aucune préparation, j'étais suivie par un médecin traitant tous les trois, quatre mois ; et c'est tout… Il n'y avait pas d'écho, il n'y avait rien à l'époque.
Ève : Est-ce que vous aviez peur de l'accouchement ?
Oui, comme c'était la première fois, oui, j'avais 22 ans, on avait entendu autour de nous que ça se passait comme ci

ou comme ça. Et puis moi, dans la salle de travail, j'entendais des mamans qui accouchaient, criaient, et appelaient même leur maman… Donc si vous voulez, ça m'angoissait un petit peu, et puis je suis assez forte de caractère ; je me suis accrochée aux barreaux du lit et j'ai dit : « Je vais accoucher humblement, sans crier. »

JOSIE

« Alors moi, je vous dirais que quand je suis tombée enceinte, j'étais même étonnée parce que les matins je vomissais et je ne savais pas ce que c'était. Alors, je travaillais avec une chère sœur – parce que je n'ai pas voulu parler de ça avec ma maman – et je lui ai dit « mais c'est bizarre, je vomis tous les matins » et elle me dit « mais tu es enceinte ! ». Ah bon ? Parce que je croyais qu'il fallait faire quelque chose de spécial pour être enceinte. Je vous jure que c'est vrai.

MAGGIE

Je pense que quelque part, on imagine toutes et tous assez facilement que ces générations n'ont malheureusement pas bénéficié de l'information précieuse que nous possédons aujourd'hui. Cependant, ce qui m'a le plus frappée en entendant ces récits, c'est le mélange d'amertume et de force qui en ressortait. Un profond sentiment d'injustice m'habite toujours aujourd'hui quand je repense aux histoires des mamies que j'ai rencontrées. Leur souffrance était lisible, palpable, comme des guerrières qui s'en seraient sorties, avec quelques cicatrices tout de même. Faute de soutien, de connaissances et de sentiment d'exister, elles ont dû, pour une grande part, prendre sur elles pour survivre malgré l'incompréhension et les doutes.

Face à l'incompréhension d'une situation, face au choc, à l'absurde (le témoignage de mamie Maggie qui ne savait pas comment elle avait bien pu tomber enceinte et comment allait sortir le bébé…), l'esprit humain a plusieurs stratégies à sa disposition pour tout de même continuer à fonctionner, et ne pas tomber dans la folie.

> Ma génération, c'était un petit peu « marche ou crève », c'est-à-dire que moi je me suis mariée extrêmement jeune, à 21 ans. Je n'avais pas fini mes études, et quand le frère de Tiphaine est né, j'étais toujours en licence. Et oui, ça a été « marche ou crève ». On ne savait pas vraiment ce qui nous arrivait. Donc après, bien sûr, la responsabilité était là, de s'occuper d'un bébé, mais on était peu au courant. Alors, est-ce qu'on se posait moins de questions, je n'en sais rien ; mais de toute façon, il fallait foncer.
>
> **MARIE-CHRISTINE**

Si l'environnement est propice, la personne a la possibilité de se renseigner et, dans le meilleur des cas, aurait été renseignée en amont sur sa condition. Dans le cas de nos grands-mères et mères, l'accès à l'information était nul ou biaisé. Finalement, peu ont eu les bonnes informations au bon moment, tout simplement parce que cette information n'existait pas vraiment. Nos cours de préparation à l'accouchement ne sont que très récents[8] : avant, comme nous le rappelle Josie, il n'y avait qu'un rendez-vous chez le médecin traitant tous les quatre mois et les échographies n'existaient pas. C'était le grand trou noir, on ne savait pas : ni les potentielles maladies ou malformations, ni si le bébé se développait bien…

Les personnes du cercle médical qui détenaient l'information la diffusaient peu auprès des femmes. Elles étaient laissées dans le

8. En France, les cours de préparation à l'accouchement sont pris en charge par la Sécurité sociale depuis la loi du 31 juillet 1991. Cette loi a permis de rendre les cours de préparation à l'accouchement accessibles à un plus grand nombre de femmes enceintes en les rendant remboursables.

flou, l'ignorance. Les autres personnes susceptibles de donner de l'information, par le vécu, les autres femmes de la famille ou du cercle proche ne le faisaient pas vraiment, de ce que j'ai compris des témoignages. La culture de la pudeur régnait alors encore en maître, et parler de ces sujets représentait un interdit.

> On était cinq filles, mais même entre nous on n'en parlait pas non plus. C'est bizarre quand j'y réfléchis, maintenant. C'était tabou, oui.
> *Ève : C'était honteux ?*
> Oui, presque. Je dirais que quand je me suis trouvée enceinte, maintenant les jeunes montrent leurs ventres, elles se promènent ; eh bien nous, on le cachait. On mettait des habits pour qu'on ne voie pas le gros ventre, et puis on évitait, parce qu'on se disait que si on était enceinte, on avait fait quelque chose qui ne se fait pas, si on veut. Donc on ne voulait pas dire qu'on était enceinte.
>
> **MAGGIE**

LES STRATÉGIES DITES D'« ÉVITEMENT »

Lorsque l'on n'a pas accès à de l'information qui permet de comprendre et de vivre sereinement un événement, on adopte d'autres stratégies dites d'« évitement » : on comprend bien, on perçoit l'interdit, le tabou, l'indicible, et on pivote, encore une fois, pour continuer de fonctionner.

Dans certains cas, ces stratégies inconscientes vont consister à éviter les sujets qui mettent mal à l'aise. L'ignorance peut susciter de la peur ou de l'insécurité chez certaines personnes, en particulier lorsqu'elles se sentent dépassées par l'ampleur des connaissances manquantes et remarquent les attitudes gênantes des un·e·s et des autres à ce sujet.

Ce tabou va alors potentiellement provoquer de la souffrance, de la peine, de l'incompréhension, parfois même de la honte. C'est bien pour cela que les féministes militent depuis des années pour un meilleur accès à la connaissance sur notre corps et notre condition de femme afin que nous puissions finalement nous sentir en phase avec nous-mêmes, nous sentir maîtresses de notre vie, de notre corps…

Pendant longtemps, j'ai cru que cette génération et la nôtre n'avaient strictement rien à voir. Je pensais que les années 1960-1970 étaient un monde complètement différent en matière d'information, de société, d'évolution sociale.

Il est vrai que de gros progrès ont été faits : tant en médecine que sur le plan social et celui des relations humaines. Aujourd'hui, il est beaucoup plus rare de se marier à 21 ans, on sait par où passent les bébés pour sortir, on connaît (plus ou moins tout de même) le mot «post-partum». Les connaissances techniques ont évolué, Dieu merci ! (Ou plutôt, merci aux féministes qui se sont battu·e·s pour ces droits avant nous !).

En revanche, j'ai été frappée de reconnaître dans les discours des mamies des maux très similaires aux mères que j'entends aujourd'hui.

J'ai retrouvé dans leurs récits la peur, la solitude, la culpabilité, la souffrance du manque de reconnaissance et le regret, parfois, d'être passée à côté de sa vie.

Ève : Vous auriez aimé profiter de votre liberté ?
Oui, je crois.
Ève : Est-ce que vous vous êtes sentie enfermée dans votre vie ?
Ah oui, tout à fait, alors que pour ma maman, c'était encore pire. Mais oui, c'est vrai, déjà on n'avait pas de machine à laver, les couches et tout ça, il fallait les laver ; et puis ce

n'était pas facile à cette époque-là. Alors que maintenant, elles ont des couches, et hop ! je les mets à la poubelle, et c'est fini !

MAGGIE

Mais j'ai également distingué la même joie dans les yeux quand on parle de naissance, la fierté humble d'avoir accompli cette tâche, du mieux qu'elles pouvaient.

D'une manière générale, la différence que je perçois entre leur génération et la nôtre est le refus plus ou moins affiché, assumé, de nous satisfaire de notre condition, de mère, de femme telle qu'on nous l'impose. Aujourd'hui il y a, je trouve, une volonté des jeunes mères de s'affirmer, de revendiquer leurs droits et de rétablir une justice.

Peut-être parce qu'on a trop entendu d'histoires affreuses sur l'accouchement par exemple, et que nous souhaitons et avons la possibilité de nous informer pour devenir actrices de notre vie, et ne plus laisser les choix qui nous incombent au hasard ou à la bonne appréciation des autres.

“J'ai accouché avec un bourreau. Une sage-femme très dure, qui m'a fait accoucher sur un plat bassin. Un plat bassin, c'est ce qu'on vous donne dans les hôpitaux quand vous avez envie de faire pipi, ou voilà. Donc c'est un truc très plat, où vous posez vos fesses, et où vous urinez dedans. Après, on a fait les plats bassins en plastique, mais à l'époque c'était en émail. Ils m'ont fait accoucher des jumeaux sur un plat bassin, parce que la sage-femme, très sévère, ne voulait pas qu'il y ait du sang, et que je tache tout partout.

JOSIE

VERS UN CHANGEMENT DE PARADIGME

Il serait cependant légitime de se demander si les choses ont vraiment changé depuis les années 1970.

Des histoires d'accouchements traumatiques, j'en entends malheureusement encore bon nombre aujourd'hui. En effet, je vois mal une sage-femme demander à une patiente d'accoucher sur un plat bassin, mais qu'en est-il de tous ces actes gynécologiques violents, pratiqués sans consentement? Ces taux d'épisiotomie aberrants, ces instruments sortis alors que tout allait « bien », ces touchers vaginaux à répétition, ce manque de communication, ces césariennes d'urgence en code vert, ces hormones injectées sans demander, ces poussées dirigées en trente minutes... Qu'en est-il du manque d'information quant aux suites de couches et au post-partum? Qu'en est-il de la prise en charge psychologique alors que 30 % des jeunes mères vont vivre une dépression du post-partum?

Les choses avancent, certes, mais c'est en mettant des limites ensemble, en tant que société, que les choses pourront durablement s'inscrire dans une logique de respect du corps et de la santé mentale des femmes. C'est en prenant la parole et en refusant les traitements inacceptables que les mentalités vont changer, et que les pratiques vont se modifier. Si on ne dit rien, rien ne changera. Mais encore faut-il avoir les connaissances nécessaires face au corps médical qui, aujourd'hui encore, a l'habitude d'infantiliser les femmes, dans une société toujours très marquée par les rôles genrés.

Je pense qu'il y a une vraie révolution à entreprendre ces prochaines années sur la façon dont le corps médical traite sa patientèle.

Au moment où j'écris ces lignes, l'hôpital connaît une crise sans précédent : le personnel soignant est au bout du rouleau, les sages-femmes sont en code noir depuis des années, et le gouvernement ne réagit pas face à cet effondrement de notre service public. Le manque de moyens se répercute directement sur le personnel soignant mais aussi sur les femmes, bébés, familles. J'ai bien conscience de cette conjoncture plus que compliquée, et que les équipes soignantes, à bout de force, n'ont pas forcément envie d'entendre que les femmes ne se sentent toujours pas respectées lorsqu'elles viennent accoucher à l'hôpital. Et pourtant.

Je pense qu'il faut remonter à la source du problème et revoir notre organisation afin de faire valoir nos droits : celui à la bientraitance, à la connaissance, au respect. J'ai rencontré nombre de sages-femmes dans le cadre de mes documentaires, et beaucoup tenaient le même discours : à l'école de médecine, on n'apprend pas la physiologie, mais la pathologie. On apprend à se tenir à distance de la patientèle et à ne pas l'impliquer. On apprend les rôles de chaque personne et on apprend surtout à ne pas les transgresser.

C'est dans ce contexte que prennent forme les pratiques qui vont leur servir durant toute leur carrière. Et si on arrêtait de traiter la grossesse et l'accouchement comme une pathologie ? Et si on apprenait la physiologie, le respect, l'écoute ? Si on valorisait la parole des femmes et les considérait comme des égales ?

En écoutant nos aînées, j'ai pris conscience de l'étendue du travail qu'il restait à abattre pour vivre dans un monde plus juste et équitable. Mais ce travail en vaut la peine, puisqu'il s'agit du destin de nos futures générations : nos fils et nos filles, qui vont vivre (ou pas) cette expérience dans plusieurs décennies. J'aimerais que la naissance soit pour nos enfants un moment conscient, respecté, heureux. Qu'iels se sentent suffisamment informés, pour vivre ce moment si important.

Et pour que ce changement de paradigme arrive, il est nécessaire que l'accès à la connaissance soit clair et fluide, tant pour les femmes, les coparents, le personnel soignant, mais surtout il faut une véritable volonté politique, et des moyens pour mettre en action nos rêves les plus fous : être respecté·e·s dans nos choix et dans nos corps.

Nous sommes aujourd'hui à l'aube d'une révolution grâce à la libération de la parole des femmes, notamment facilitée par les réseaux sociaux, qui permettent une plus grande circulation de l'information : qu'il s'agisse de l'accouchement, du post-partum, du corps des femmes, de la parentalité en général…

> « C'est pour ça que notre génération a un rapport à l'intime, pour plein de raisons. On a repoussé sans cesse cette limite entre soi et le monde, entre soi et les autres, avec les réseaux sociaux, etc. Et donc maintenant, notre génération se raconte très facilement, en tout cas beaucoup plus que nos aînés, ce qui d'ailleurs les fait un peu grincer, car ils ne comprennent pas très bien ce besoin. Pour eux, c'est du voyeurisme, on se met à nu, etc., ce n'est presque pas acceptable ; alors que pour nous, en fait, c'est un outil pour moins de souffrance, pour faire prendre conscience, une fois de plus, que mon enjeu personnel en réalité est universel, qu'il s'inscrit dans un système de domination, et que je ne suis qu'une petite pierre qui subit parmi plein d'autres. Et donc en fait, il faut dénoncer ça pour que ça puisse changer.
>
> **LAURA-JANE**

De nombreuses initiatives voient le jour, des particuliers deviennent entrepreneurs et réinventent nos sociétés, construisent des projets pour les parents et les familles, pour pallier le manque de considération des institutions qui désertent ces sujets pourtant particulièrement importants. Les mères prennent la parole et se racontent afin de dire leur vérité et d'informer les prochaines, afin que la découverte de la réalité ne soit plus subie.

Mais il y a deux choses : tout d'abord, l'information ne viendra pas forcément à nous, il y a donc un travail de recherche à effectuer et encore faut-il avoir le temps et l'accès à ces ressources bien souvent payantes. Enfin, le fossé se creuse entre les personnes privilégiées qui vont pouvoir accéder à des ateliers, des formations, des plateformes qui vont donner de l'information et les personnes précarisées, qui n'auront malheureusement pas accès à ces ressources.

J'aimerais bien vous dire que j'ai des solutions concrètes à vous proposer pour que tout cela change en profondeur. Malheureusement, on parle ici d'évolution sociétale, et cela prend du temps. Le temps de faire comprendre nos besoins et pourquoi ceux-ci ne sont pas de l'ordre du caprice, mais bien des droits fondamentaux, le temps de faire changer les institutions, les mentalités… Je suis persuadée que nous nous dirigeons vers un changement de paradigme, que peut-être nous ne vivrons pas nous-mêmes à titre personnel, mais nos enfants, je l'espère.

LE MAL SANS NOM

Ce changement de paradigme, nous allons y arriver, cela ne fait pas de doute. Lentement, mais sûrement, les choses évoluent vers du mieux. Cependant, il est aussi de notre responsabilité de continuer à faire avancer les combats, car aucun droit, aucune avancée ne nous ont jamais été « donnés » sur un plateau d'argent, on les gagne : en se battant pour notre dû.

Mais cela doit avant tout commencer par des prises de conscience : du monde qui nous entoure et de l'ordre établi qui ne sont pas justes pour les femmes, les mères, les pères impliqués, les personnes minorisées. Il faut comprendre le système pour mieux le changer.

Pour essayer de comprendre ce système, il faut faire des recherches car ce n'est malheureusement pas dans des médias *mainstream* que nous allons trouver des réponses à nos questions sur les injustices. J'ai lu un certain nombre de livres en préparation, des documentaires, et l'un d'eux m'a particulièrement remuée. Il s'agit de *La Femme mystifiée* de Betty Friedan, un ouvrage publié en 1963 aux États-Unis.

L'histoire commence en exposant le contexte de l'époque : après la Seconde Guerre mondiale, les États-Unis ont connu une période de prospérité économique et une forte natalité, et après avoir largement contribué à l'effort de guerre en travaillant, les femmes ont été remerciées et on leur a demandé de retourner dans les foyers. On les a reléguées à ce rôle principal qui devait être celui de mères et d'épouses au foyer. Les femmes étaient encouragées, voire forcées, à se concentrer uniquement sur les tâches domestiques et la maternité, plutôt que de poursuivre des aspirations intellectuelles ou professionnelles.

Betty Friedan explore la vie de femmes au foyer dans cette société privilégiée en apparence idéale : de belles maisons, des appareils ménagers, de belles tenues, un mari qui pourvoit aux besoins du ménage, des enfants à chérir… Elle donne la parole à ces femmes blanches, instruites, aisées qui, malgré leurs talents et leurs compétences, se sentaient vides, insatisfaites et profondément malheureuses. Elle décrit comment la plupart des femmes éprouvaient un sentiment de malaise et d'emprisonnement, ne pouvant pas définir clairement ce qui les tourmentait. Elle nomme ce sentiment « le mal sans nom ». Ces femmes étaient parfois suivies en thérapie et n'arrivaient pas à comprendre pourquoi elles se sentaient si mal. Elle explique dans le livre que les femmes disaient « tout avoir » et pourtant se sentaient terriblement déprimées, au point de parfois choisir la voie du suicide.

Friedan se penche sur les répercussions psychologiques et émotionnelles de cet isolement forcé, de cette prison dorée. Elle met en évidence les problèmes de santé mentale, les frustrations et les conflits internes que les femmes éprouvaient en raison de ces rôles limités.

Elle présente également des exemples concrets de femmes qui ont ressenti cette aliénation et qui ont cherché à la surmonter. Tout au long du livre, Betty Friedan appelle les femmes à une prise de conscience collective. Elle incite les femmes à remettre en question ces normes sociales, à rechercher leur propre identité et à chercher la réalisation personnelle au-delà des rôles traditionnels qui leur sont assignés.

L'histoire de *La Femme mystifiée* est celle d'une exploration profonde du malaise et de l'insatisfaction ressentis par les femmes dans la société américaine des années 1950 et 1960.

J'ai été troublée à la lecture de ce livre car j'ai entendu et lu un grand nombre de mères de 2020 se décrire dans la situation de ces femmes des années 1950. Pour les tournages de *Post-partum*, j'ai vu dans les yeux des mères, et reconnu dans les miens aussi les premiers mois, l'incompréhension face à ce désarroi qui nous a envahies sans prévenir alors que nous pensions « avoir tout pour être heureuses ».

J'ai mis un certain temps avant de comprendre de mon propre chef que, j'avais beau cocher ces cases qu'on m'avait présentées comme l'autoroute du bonheur (bel appartement, beau bébé, beau mec, belles fringues…), tout cela ne m'apporterait pas l'accomplissement, l'épanouissement nécessaire à mon bien-être. J'ai trouvé un bien-être durable lorsque j'ai commencé à me réaliser, quand j'ai commencé à remettre en question ce système de croyances (l'autoroute du bonheur) auquel j'avais adhéré bien malgré moi.

Il a fallu que je fasse du vide dans ma vie afin de la remplir avec des choses que j'avais vraiment choisies pour moi, que j'accepte que j'avais fait fausse route et que ma route à moi allait peut-être m'emmener sur des chemins en apparence sinueux car « hors normes ».

Il y a plein de moyens de se réaliser : pour certain·e·s, cela passera par un travail si épanouissant que ça ne ressemblera même pas à un travail ; pour d'autres, cela se développera par la pratique sportive ou artistique, associative, mais surtout par la découverte de nos propres intérêts, combats, communauté… Il y a mille façons de se découvrir mais, pour cela, il faut du temps, de l'espace pour soi et un cadre sécurisant.

Et c'est cela dont ont manqué les femmes interviewées par Betty Friedan, du temps pour elles, du temps pour se réaliser, en étant soutenues, valorisées, écoutées, encouragées, sécurisées. Et c'est aussi cela dont manquent les femmes d'aujourd'hui.

REINE ISOLÉE DU FOYER

Un autre pan de l'évolution du rôle de mère se trouve, à mes yeux, dans le rejet de la responsabilité totale et hégémonique des enfants sur nos seules épaules de femmes. Comme évoqué dans le deuxième chapitre, on sent bien aujourd'hui cette volonté de partager les tâches parentales, le soin, l'attention à l'égard des enfants, mais aussi de posséder une vie pour soi. C'est vraiment quelque chose d'absent du discours des grands-mères et arrière-grands-mères que j'ai interviewées : évidemment, je ne dis pas que ça n'a jamais existé, mais cela relevait visiblement de l'exception.

> Nous, on n'a pas envie de se sacrifier, d'avoir ce sentiment-là en fait.
> Sa mère : Mais c'est toi qui le dis en fait. Moi je n'ai jamais pensé, jamais eu l'impression de me sacrifier.
> *Ève : Est-ce que toi t'as eu l'impression que ta mère s'est sacrifiée pour tes frères et sœurs ?*
> Ouais.

Sa mère : Mais pas du tout ! En plus, j'ai la chance d'avoir un mari qui gagne quand même bien sa vie et qui me fout une paix royale ! Je peux faire ce que je veux !
Oui, mais au sein du couple c'est quand même la carrière de papa qui a été…
Sa mère : Ah bon ? Quand j'ai repris mes études, j'ai pas pensé à ma carrière ? J'ai jamais eu le sentiment de me sacrifier, jamais.

ROMANE

Il était tout à fait admis, tacitement, que c'était aux mères de porter ce rôle, et plutôt seules.

Un témoignage m'a bouleversée, car il dépasse le cadre des tâches domestiques ou parentales, et l'on sent bien la pression insidieuse mise sur les épaules des jeunes mères :

Le bébé est né le 26 décembre. L'enfant est né, mais il n'a pas crié et ils l'ont emmené dans une autre salle. Mon mari est parti avec eux, et au bout d'un moment il revient. Il était très énervé, et je lui ai dit « il va bien ? » et il me dit « oui, oui, oui ». Je lui dis « il a tout ? » il me dit « mais oui, c'est un garçon, il a tout ». Bon… Puis, on me conduit dans la chambre que j'aurai pour le temps où j'allais rester. Mais je ne vois pas le bébé. Et on ne l'a pas mis sur moi. Et qu'est-ce qu'il s'est passé ? Chaque fois que mon mari vient me voir, je lui dis « mais qu'est-ce qu'il a le bébé, pourquoi on ne me l'amène pas ? » ; « mais parce que, parce que… », il me trouve des trucs, n'importe quoi. Un jour, je vois la responsable du service, et je lui dis « dites-moi où est le bébé », et elle me dit « bon, ben je vais vous y amener ». Et elle m'emmène parmi les prématurés, et elle me dit « voilà, c'est ça, c'est ce bébé-là, mais on pense, on imagine, qu'il a le gène de la trisomie 21 ». Je retourne à la maison et ma

belle-mère me dit « si jamais c'est un trisomique, il vaut mieux que vous le laissiez se faire adopter par une autre famille. Parce que si vous le gardez à la maison, après ça va déstabiliser tout le monde, vous verrez ; après votre mari va se mettre à boire », etc. Tout un truc. Moi je lui ai dit « c'est anormal ce que vous me dites, je ne suis pas d'accord ». Il est décédé le 27 janvier. Non, le 17 janvier, voilà. Il est né le 26 décembre et il est décédé le 17 janvier.
Ève : Est-ce qu'il y a eu une prise en charge psychologique pour vous après ?
Ah ben, je n'ai rien eu. Rien du tout.

MYDRÉE

Tout est violence dans l'expérience qu'a vécue Mydrée : le fait que personne ne lui dise où est son bébé, pourquoi on l'empêche de le voir, son mari qui ne dit rien, sa belle-mère qui la menace en disant que si elle garde son bébé trisomique, son mari (donc par sa faute) se mettra à boire, le manque de prise en charge psychologique… Cette situation parle d'elle-même. Personne ne devrait vivre de tels traumatismes : cela relève du terrorisme intime.

J'ai aussi écouté Caroline, qui nous a résumé le climat social des années 1980 en termes de répartition de charge mentale :

C'était 0, 100. 0 %, 100 %, voilà.
Ève : Est-ce que vous trouviez ça normal ?
Non, honnêtement non. Alors maintenant, enfin je ne sais pas, mais peut-être que les femmes de ma génération pensent que c'est un peu excessif maintenant, parce qu'on a l'impression – pour celles qui ont des fils – qu'ils deviennent comme des mères, mais à notre époque, non, c'était vraiment tout à fait insuffisant. Jamais changé une couche, jamais donné un biberon. (…) Je crois qu'un bébé,

ça ne l'attirait pas du tout, ça ne l'intéressait pas du tout ; il a commencé à s'intéresser à ses enfants à l'âge de 15, 20 ans. Avant, tout ce qui était petit ne l'intéressait pas, et puis il était vraiment pris par sa carrière.

CAROLINE

Ce qui a surtout changé dans notre génération, c'est la possibilité de s'extirper de relations qui ne nous conviennent pas. Nombre de nos aînées n'ont tout simplement pas eu cette opportunité, essentiellement pour deux raisons : le divorce n'était pas admis socialement, et les femmes étaient bien souvent dans une situation de dépendance financière, ce qui ne laissait place à aucune échappatoire.

LE DIVORCE ET L'ACCÈS À L'EMPLOI

Au début des années 1980, le taux de divorce en France était relativement bas.

En 1980, il y a eu environ 46 000 divorces enregistrés, ce qui correspondait à un taux de divorce d'environ 0,9 pour 1 000 habitants. Au fil de la décennie, ce taux a progressivement augmenté, atteignant environ 1,5 pour 1 000 habitants en 1989.

Cette augmentation peut être attribuée à divers facteurs sociaux et juridiques, notamment l'évolution des mentalités, mais aussi les changements législatifs facilitant le divorce et l'émancipation des femmes. Au cours des années 2010, le taux de divorce en France a continué d'augmenter...

En 2010, il y a eu environ 130 000 divorces enregistrés, avec un taux de divorce d'environ 2,1 pour 1 000 habitants.

L'accès à l'emploi des femmes en France a lui aussi connu une évolution significative au cours des quarante dernières années.

Pour comprendre, je vous propose une vue d'ensemble de cette évolution :

Années 1980 : au début des années 1980, les femmes étaient encore confrontées à des obstacles importants sur le marché du travail en France. Les rôles traditionnels genrés étaient fortement ancrés, avec une attente sociale générale selon laquelle les femmes devaient se consacrer principalement aux tâches domestiques et à l'éducation des enfants. Les femmes étaient souvent sous-représentées dans les emplois à responsabilités et se voyaient souvent proposer des emplois moins rémunérés et moins qualifiés. Cependant, cette décennie a également été marquée par des avancées législatives, telles que la loi Roudy de 1983, qui a introduit des mesures visant à promouvoir l'égalité professionnelle entre les hommes et les femmes.

Années 1990 : les années 1990 ont été marquées par une augmentation significative de la participation des femmes sur le marché du travail en France. Les taux d'activité des femmes ont augmenté, et de plus en plus de femmes ont accédé à des postes qualifiés et à responsabilités. Des politiques publiques, telles que la loi sur la parité de 1999, ont été mises en place pour promouvoir la représentation équilibrée des femmes dans les instances de décision. Cependant, malgré ces progrès, des disparités subsistaient en matière de rémunération et d'accès aux postes de haut niveau.

Années 2000 : au cours des années 2000, l'accès à l'emploi des femmes en France a poursuivi sa progression. Des mesures législatives ont été adoptées pour lutter contre les discriminations professionnelles, notamment la loi sur l'égalité salariale de 2006. Les femmes ont également continué à accéder à des postes de plus en plus élevés et à occuper des emplois traditionnellement masculins. Néanmoins, des écarts de rémunération subsistaient et les femmes étaient toujours confrontées à des difficultés pour concilier leur carrière et leur vie personnelle, en particulier en raison de la charge domestique et de l'éducation des enfants.

Années 2010 et au-delà : au cours de la dernière décennie, l'égalité professionnelle entre les hommes et les femmes est devenue une préoccupation plus importante en France. Des mesures législatives supplémentaires ont été prises, telles que la loi sur la transparence salariale de 2018, visant à réduire les écarts de rémunération.

Aujourd'hui, la situation est loin d'être gagnée, et une grande majorité d'entre nous galèrent toujours à essayer d'allier subsistance financière/carrière et rôle de mère. En revanche, les choses évoluent, lentement, mais sûrement.

À mes yeux, il est important de comprendre la situation de nos mères et de nos grands-mères, des points de vue psychologique, économique et social : à la fois pour prendre conscience du chemin parcouru et des droits que nous avons acquis grâce à leur génération, mais aussi pour les comprendre elles.

RELIRE SON HISTOIRE

SE CONFRONTER À SES SOUVENIRS D'ENFANCE

Devenir mère à notre tour, c'est voir nos parents avec des yeux différents. C'est devenir eux et remplir ce rôle bien souvent d'une manière complètement différente. C'est aussi relire notre propre enfance. Personnellement, j'ai eu besoin de comprendre le pourquoi des défaillances de mes propres parents afin de les dépasser et prendre mon rôle de mère à bras-le-corps.

Chloé, que j'ai eu la chance d'interviewer, résume très bien le cas d'une naissance qui fait remonter à la surface des choses profondément enfouies :

“En fait, cet amour a réveillé beaucoup de choses, puisqu'il était tellement intense que je me suis dit : « Ah, si être mère c'est aimer autant son enfant, forcément, moi je n'ai pas été aimée. » En tout cas, pas de cette façon-là, et donc qu'est-ce que ça veut dire, en fait ? Du coup, ça a ouvert plein de boîtes, ça a libéré des traumas, ça a rouvert des blessures ; et j'ai commencé à avoir des flashbacks, à me poser beaucoup de questions, etc. Ensuite, ça a glissé au fur et à mesure, ma fille a eu un RGO qui a duré peu de temps, mais qui a duré quand même les trois premiers mois, ce qui est très, très, très intense ! Et donc elle pleurait beaucoup.
Moi, quand elle pleurait ma fille, j'allais vomir. Parce que ses pleurs étaient les miens, c'était mes pleurs de bébé en fait, tout simplement. Et je ne comprenais pas pourquoi je vivais aussi intensément les choses face à elle. Je ne comprenais pas pourquoi j'étais aussi terrifiée face à elle, alors que c'est la personne que j'aime le plus au monde. Et quand elle est née, l'amour que j'avais pour toutes les autres personnes sur Terre a été mis en elle.
Et je n'en avais clairement plus rien à foutre du reste du monde, il y avait juste elle qui comptait, mais du coup on était vraiment enfermées dans ce « je t'aime, mais tu me fais du mal ». Pendant deux ans, j'ai cherché un peu par moi-même comment aller mieux, donc j'ai coupé les ponts avec ma mère. J'ai senti rapidement, à six mois de post-partum, même un peu avant, que ça allait être une question de survie, qu'il allait falloir que je fasse ça pour aller mieux, ou en tout cas pour me libérer de quelque chose, que cette relation toxique ne pouvait plus exister, et que du coup il allait falloir que je coupe réellement les ponts cette fois. Ce que j'ai fait. On s'est expliquées un an après, ça a été extrêmement violent, je me suis pris un mur dans la tronche.

Du coup, on ne s'est plus jamais reparlé, ça doit faire trois ans, trois ans et demi presque. Et je suis beaucoup plus heureuse ainsi. Alors c'est dur, hein, parce que je les entends encore dans ma tête les gens qui disent : « Mais c'est ta mère, comment est-ce que tu peux ne plus parler à ta mère? Oui, elle a fait des erreurs, etc., mais quand même, c'est ta mère. » Alors oui, mais on n'est plus sur des petites erreurs, il y a quand même des choses que j'ai pu comprendre en thérapie… On est sur du bien compliqué, quand même ; on est sur beaucoup de violence, etc. Donc il y a des choses qui sont dures à encaisser ; mais surtout, enfin tout a fait sens.
Je me suis enfin dit « ah OK, c'est comme si j'étais un puzzle non fait, et que d'un coup j'étais un puzzle fait (enfin presque fait). »

CHLOÉ

J'ai moi aussi coupé les ponts avec ma mère quelques jours après la naissance de Ferdinand, et ça a été un déchirement. J'ai beaucoup souffert de cette séparation et, en même temps, j'ai ressenti un grand soulagement.

Soulagement de ne plus vivre dans la peur qu'elle me blesse, malgré elle, mais déchirement de devenir mère sans ma mère, sans aucun repère.

SE CONFRONTER À SES PARENTS

La réalité, c'est que derrière nos histoires de famille, il y a beaucoup de tristesse et d'incompréhension. J'entends très rarement autour de moi des histoires de famille où les liens sont vraiment sains, malheureusement. Alors qu'en réalité, je pense que l'on a toutes et tous cette envie d'être aimé·e·s et d'entretenir des relations harmonieuses.

En devenant nous-mêmes parents, nous comprenons que le bébé ne vient pas avec un mode d'emploi, et je pense pouvoir affirmer que tout le monde fait plus ou moins de son mieux. Et parfois le mieux de nos parents ne nous va pas du tout. Et c'est OK aussi. J'essaie de mon côté de guérir ces blessures du passé, en tentant de comprendre le contexte historique autour de l'histoire de mes parents, en essayant de leur pardonner, mais en continuant pour l'instant de les maintenir à distance.

Je mets cette distance car j'estime qu'ils n'ont pas fait ce travail de guérison qui permettrait d'entretenir des relations saines, et que je refuse d'être blessée sans cesse par des comportements qui ne me vont pas. Et surtout, je refuse que mon fils grandisse dans cet environnement.

Je pense que le challenge se situe précisément ici : prendre conscience de ce que l'on veut pour nos enfants et ne pas leur imposer une situation qui nous a personnellement été imposée à nous. Leur éviter la souffrance que nous n'avons pas eu le choix d'éviter, puisqu'il s'agit de nos parents.

Mon père est quelqu'un d'hypertoxique, et ma mère s'est fait bouffer trente années de sa vie. Et je n'ai jamais vraiment eu le rôle d'enfant, j'ai très vite dû être un adulte. J'étais un peu le troisième parent, je gérais clairement leurs problèmes, et parfois des trucs un peu chauds quand même. Quand t'es un enfant et que ton papa te dit « Maman me touche pas. Ta mère me touche pas », c'est un peu chaud quand même. Donc voilà, j'avais pas trop ce rapport où on prend vraiment soin de moi. Donc j'ai dû régler leurs problèmes, bref une relation pas facile, quoi. Sauf que j'ai eu ce truc quand je suis tombée enceinte, de me dire « bon ben… moi c'est quelque chose, ce sont mes parents, j'ai pas le choix en fait ». Mais j'ai eu très vite envie de protéger ma fille de relations toxiques, et c'était mon devoir en fait de la protéger. Donc pour moi, ça a paru comme une évidence de couper le lien avec mes parents. Surtout parce que je suis rentrée dans une espèce de petite dépression quand j'étais enceinte, parce que ma mère me parlait de mon père... Elle me demandait énormément alors qu'elle ne se rendait pas compte que je n'avais pas ma mère. Je n'avais pas ma mère, mais je n'avais pas mon père. Elle me demandait d'être là pour elle, tu vois, ce qui est quand même assez lunaire. C'est difficile de se dire : « À quel moment t'es un bon parent quand tu n'as pas eu de bons parents ? » Parfois, je me dis que c'est OK, que c'est pas grave, il y a plein de schémas de vie et c'est très bien. Mon schéma de vie, il est comme ça, et je me laisse pas abattre. Mais j'ai été en paix au moment où je me suis dit que j'étais mes parents en fait. Voilà, c'est tout.

ANISSA

Devenir parent, c'est se confronter à ses propres parents. Et dans le cas d'une relation toxique, ça fait mal : on ne peut plus détourner les yeux et se dire que ce n'est pas si grave, car aujourd'hui il ne s'agit plus seulement de nous, mais de notre enfant, de notre famille à nous.

De mon côté, j'ai presque ressenti de la honte d'avoir ce genre de relation avec mes parents. J'aurais adoré qu'ils soient présents pour moi, qu'ils soient ravis d'accueillir Ferdinand parmi eux et qu'ils prennent leur rôle au sérieux. Je rêve de paix, d'amour et de famille unie, encore aujourd'hui.

Accepter l'idée que pour nous ça n'arrivera probablement pas, est vraiment difficile. Puis il y a surtout ce poids à porter : celui de faire barrage entre la famille toxique et son enfant. Même si l'on sait très bien pourquoi on le fait, parfois on se surprend à rêver de pique-nique en famille ou de fêtes de Noël tous ensemble. J'ai tenté plus d'une fois de maintenir les relations pour ces raisons...

Et, à chaque fois, ce fut la douche froide : tout simplement parce que ces projections, dans nos conditions actuelles, ne peuvent pas devenir réalité.

Cependant, je garde l'espoir de pouvoir réparer ces liens qui nous unissent. Parfois, des fissures se forment dans nos liens les plus précieux. Il est important de se rappeler qu'il y a toujours de l'espoir et la possibilité de réparer ces liens.

CULTIVER DE NOUVEAUX LIENS

En adoptant une attitude d'amour, de guérison et de résilience, nous pouvons réécrire l'histoire de notre famille et cultiver des relations profondes et significatives avec notre père, notre mère ou nos proches de manière générale. Il est indispensable, je pense, de garder en tête que nous réparer et réparer nos liens représente un travail considérable, et qu'il faut que toutes les parties prenantes soient dans la même dynamique de pardon et de réparation pour que cela fonctionne vraiment.

En grandissant, en développant une conscience plus accrue de ce monde dans lequel on vit – ce monde où le patriarcat, le capitalisme nous dominent –, j'ai surtout compris qu'une grande majorité de personnes étaient en souffrance : ces gens ne sont pas méchants, mais blessés, handicapés émotionnels et vivent avec des traumatismes non résolus qui les enferment dans des schémas de pensée et d'action toxiques.

C'est pour cela qu'il est primordial selon moi de contribuer à éveiller sur ces sujets de société : prendre conscience des injustices que l'on subit, des traumatismes que l'on vit afin de pouvoir les digérer, se guérir, et par la suite aider les autres à s'en défaire.

QUELQUES PISTES À EXPLORER

Voici quelques ressources personnelles et pistes que j'ai trouvées sur mon chemin, qui pourront vous aider sur cette voie :

L'amour inconditionnel : l'amour inconditionnel est une force puissante qui peut transcender les conflits et les blessures du passé. Il s'agit de reconnaître que l'amour entre parents et enfants est profondément enraciné, même si les épreuves ont créé des tensions. En faisant preuve d'amour inconditionnel envers notre père et/ou notre mère, nous ouvrons la porte à une possible réconciliation ou, si cela n'est pas au goût du jour, nous pouvons tout de même pratiquer l'amour inconditionnel en faisant preuve de pardon, en leur envoyant de l'amour, tout en les gardant à distance.

La guérison de soi : avant de pouvoir guérir les liens familiaux, il est essentiel de se guérir soi-même. Cela implique d'aller à la rencontre de ses propres blessures émotionnelles, de se pardonner et de se libérer du passé. La guérison personnelle permet de développer une plus grande compassion envers nos parents et de créer un espace pour une relation plus saine et épanouissante. Il peut s'agir de travailler avec un thérapeute, de pratiquer des techniques de guérison alternatives…

La communication authentique : il est essentiel d'exprimer ouvertement et sincèrement nos sentiments, nos besoins et nos attentes à notre père et/ou notre mère. Cela implique également d'être à l'écoute de leurs propres préoccupations et de reconnaître leurs points de vue. En créant un espace de dialogue respectueux et ouvert, nous pouvons tenter de résoudre les malentendus, dissiper les ressentiments et rétablir la confiance. Il s'agit aussi de prendre conscience de nos propres besoins, de les placer en priorité et de les assumer afin de ne pas nous oublier, ni nous sentir frustré·e·s ou peiné·e·s dans nos relations.

La patience et la persévérance : la réparation des liens familiaux ne se fait pas du jour au lendemain. Cela demande de la patience et de la persévérance. Les chemins de guérison peuvent être sinueux, mais chaque petit pas compte.

La construction de nouveaux souvenirs : parfois, la clé pour réparer les liens familiaux réside aussi dans la création de nouveaux souvenirs et expériences heureuses.

LES THÉRAPIES ALTERNATIVES

Sur ce chemin de guérison, j'ai eu l'opportunité de découvrir plusieurs thérapies alternatives et douces, bien souvent inconnues du public, pourtant si puissantes pour mieux se connaître et se défaire de traumatismes liés à son enfance ou plus actuels.

Dans le domaine de la santé mentale, de nombreuses approches thérapeutiques sont utilisées pour surmonter les troubles émotionnels et psychologiques. Parmi ces approches, l'EMDR (*Eye Movement Desensitization and Reprocessing*), l'EFT (*Emotional Freedom Technique*) et l'hypnose ont gagné en popularité en tant que thérapies alternatives efficaces. Ces méthodes offrent des perspectives uniques pour traiter les traumatismes, les phobies, les troubles anxieux et bien d'autres problèmes.

L'EMDR : guérir à travers les mouvements oculaires

L'EMDR est une approche thérapeutique développée par la psychologue américaine Francine Shapiro dans les années 1980. Elle repose sur l'idée que les traumatismes et les expériences négatives non résolues peuvent être stockés de manière dysfonctionnelle dans le cerveau, ce qui entraîne des symptômes psychologiques et émotionnels.

L'objectif de l'EMDR est de réactiver ces souvenirs traumatisants tout en introduisant des stimulations bilatérales, telles que des mouvements oculaires, des tapotements ou des stimulations auditives, afin de faciliter leur retraitement.

Cette technique permet aux individus de revoir l'événement traumatique d'une manière contrôlée et sécurisée, ce qui peut réduire l'impact émotionnel associé à ces souvenirs. L'EMDR a été utilisé avec succès dans le traitement du trouble de stress post-traumatique (TSPT), des phobies, des troubles anxieux et d'autres problèmes liés aux traumatismes.

L'EFT : libérer les émotions

L'EFT est une forme de thérapie énergétique qui combine des éléments de la médecine chinoise traditionnelle, de la psychologie et de l'acupuncture. Cette approche repose sur l'idée que les émotions négatives sont causées par des perturbations dans le système énergétique du corps.

En tapotant doucement sur certains points d'acupuncture tout en se concentrant sur le problème émotionnel, l'EFT vise à rétablir l'équilibre énergétique et à libérer les émotions bloquées. Cette méthode peut être utilisée pour traiter une variété de troubles émotionnels, tels que l'anxiété, la dépression, les phobies et les traumatismes.

L'EFT est souvent considéré comme une approche efficace pour réduire l'intensité émotionnelle associée à un souvenir traumatique et pour favoriser la résolution des conflits internes.

L'hypnose : accéder à l'inconscient pour le changement

L'hypnose est une méthode thérapeutique qui induit un état de conscience modifié. Dans cet état, l'individu est détendu et concentré, ce qui facilite l'accès à l'inconscient.

L'hypnothérapeute utilise des suggestions verbales et des techniques d'imagerie pour aider la personne à modifier ses schémas de pensée, ses comportements indésirables ou ses croyances limitantes. L'hypnose peut être utilisée pour traiter une large gamme de problèmes, tels que les addictions, les troubles alimentaires, les troubles du sommeil et les phobies. Elle peut également être bénéfique dans la gestion de la douleur, la réduction du stress et l'amélioration de la confiance en soi.

L'EMDR, l'EFT et l'hypnose sont des approches thérapeutiques alternatives qui offrent des méthodes novatrices pour traiter les troubles émotionnels et psychologiques. Bien qu'elles aient des principes différents, ces thérapies partagent l'idée que les traumatismes non résolus et les émotions négatives peuvent être transformés pour favoriser le bien-être mental ainsi que pour se libérer de schémas qui ne nous conviennent plus.

Je liste ici les choses que j'ai personnellement testées et qui me conviennent. Toutefois, si vous souhaitez vous engager sur cette voie, il vous faudra trouver ce qui vous convient, à vous. Sachez que cela prend du temps de se sentir en confiance, de trouver les bonnes personnes pour se faire aider.

Entamer ce processus de réparation a été le plus beau cadeau que je me suis jamais fait. Aujourd'hui, après plusieurs années de thérapie, je peux en voir les bienfaits tant dans mon corps que dans ma tête, dans mes réactions, mes émotions, mes choix de vie : tout est plus ancré et je me sens tellement plus libre, plus moi-même, et surtout tellement plus présente : j'ai quitté le mode pilote automatique. Mais pour cela, j'ai dû travailler dur pour enlever de mes épaules tout ce qui ne m'appartenait pas.

“J'ai commencé ma thérapie et puis j'ai enfin trouvé la bonne psychologue après deux autres essais. Je suis entrée dans son cabinet, je me suis assise, on a parlé deux minutes et j'ai commencé à pleurer. Je lui ai dit « vous êtes la bonne personne ». Et je savais que ça allait aller, que j'allais comprendre des choses. Et elle m'a tout de suite dit « oui, vous avez fait une dépression post-partum, et on va en parler ». Et en fait, elle, elle l'a validée. Moi j'avais pu mettre des mots dessus, elle est venue valider ça et après on a commencé à travailler. Le travail s'est fait *a posteriori*, je pense que c'était bien, en tout cas, la façon dont on l'a fait. Parce que c'était quelque chose de très violent, la chose la plus dure de toute ma vie ; parce que ce que j'éprouvais était atrocement difficile et violent ; et je ne sais pas si j'aurais pu faire ce travail-là en n'étant pas bien. Ce qu'il m'aurait fallu quand j'étais pas bien, c'est d'aller à des groupes de parole de mamans, je pense. Ou de rencontrer une psychologue qui me soutenait dans ce que je vivais à ce moment-là et peut-être pas de creuser à ce moment-là, parce que j'étais déjà au fond du puits, j'étais déjà en train de creuser ! Du coup, le fait de le vivre *a posteriori*, avec beaucoup moins de souffrance et plus apaisée, ça m'a permis d'avoir de l'énergie et de la force, et du courage pour essayer de creuser et d'identifier ce qui a fait que j'ai fait cette dépression.

CHLOÉ

Il est important de souligner que ces thérapies alternatives doivent être pratiquées avec des professionnels qualifiés et expérimentés.

123
EXAMINE
OMG
PARTY!

Chapitre 4

LES MÈRES EN COLÈRE

Lorsque j'étais enceinte, j'ai eu pour la première fois de ma vie le sentiment d'être à ma place. Ce sentiment m'habitait dans mon corps : j'adorais le voir s'arrondir et sentir mon bébé y faire sa maison. J'appréciais aussi et surtout l'amour que je pouvais sentir autour de moi : le soin et l'attention qu'on me portait me ravissaient. Pour la première fois de ma vie, je me sentais aimée et j'avais l'impression d'être validée.

Plus mon ventre s'arrondissait, plus les gens autour de moi étaient bienveillants et compatissants. Souvent, on me demandait comment j'allais, si j'avais besoin d'aide. On me proposait alors de me reposer, on me disait de bien manger, de prendre soin de moi. Mes proches, les gens dans la rue, les professionnel·le·s de santé, tout le monde était prévenant et semblait s'intéresser à moi, même s'inquiéter pour moi.

Parfois, c'en était même trop.

J'accueillais ces gentillesses et je pensais qu'elles étaient acquises. Je me sentais soutenue, et j'ai cru que le soutien allait perdurer une fois l'enfant délivré sur la planète Terre.

Malheureusement, c'est tout l'inverse qu'il s'est produit, et je ne vous cache pas que la chute fut brutale.

Quand mon fils est né, l'attention s'est subitement portée sur lui et moi je n'existais plus. J'avais rempli ma mission : le mettre au monde.

Les ami·e·s, qui étaient si extatiques à l'idée de me voir enceinte, ont renouvelé leur excitation une fois ou deux en venant me voir, ou plutôt le voir. Ensuite, j'ai été oubliée, je suis sortie du radar. Le personnel de santé si inquiet s'est volatilisé, plus personne n'en avait rien à faire de mon taux de fer ou de savoir si je mangeais bien. En l'occurrence, je ne mangeais presque plus, faute de temps.

Ma famille, si heureuse à l'idée d'accueillir un nouveau membre pendant ma grossesse, n'a pas saisi la mesure de l'aide dont j'avais besoin. J'avais beau envoyer des SOS régulièrement, on me répondait : « Mais tu sais, j'ai un travail et une vie, moi aussi. »

J'ai été vraiment déçue et même choquée de constater leur attitude envers moi et mon bébé. J'avais et j'ai toujours cette impression qu'ils étaient contents de la perspective d'une naissance, mais pas de la naissance en tant que telle et encore moins de l'investissement qu'elle demandait.

Cela a été ma première déception, celle d'une longue série sur le traitement des jeunes mères et des jeunes pères dans la société française actuelle. Non seulement mon entourage n'était pas un soutien, mais encore moins tout le système dans lequel j'évoluais : l'environnement de travail, l'aménagement urbain, les infrastructures, la politique familiale… Je me suis retrouvée dans un monde totalement inadapté, parfois même hostile à la parentalité.

Il m'aura fallu quelques années, beaucoup de discussions avec d'autres parents et des spécialistes du sujet, pour me rendre à l'évidence que si faire des enfants est aujourd'hui presque une obligation morale, tout est fait pour nous mettre en échec.

Pendant longtemps, j'ai cru, à tort, que c'était seulement moi qui n'y arrivais pas. De là est née la souffrance de me sentir incapable de tout gérer, ainsi que beaucoup de culpabilité.

J'aimerais qu'en lisant ce chapitre vous compreniez les tenants et les aboutissants des mécanismes en place dans cette société qui met les parents en échec. Vous n'êtes pas en échec, vous faites de votre mieux pour évoluer dans un pays qui, à mon sens, n'aime tout simplement pas les enfants et qui ne protège ni leurs intérêts ni ceux des parents.

On dit souvent que la parentalité est un rite de passage, qu'il nous permet de passer d'enfant adolescent à adulte. À titre personnel, je trouve surtout qu'entrer dans la parentalité et devoir évoluer dans cette société avec cette nouvelle casquette, m'a permis de faire un pas de côté de ma position de privilégiée.

Avant d'être mère, je n'avais que très peu conscience de la façon dont le monde dans lequel j'évoluais était organisé. Du fait de mon jeune âge, mais aussi parce que ce monde était plus ou moins adapté pour moi bien qu'étant une femme et subissant tout de même un sexisme intériorisé. J'étais dans ma vingtaine, blanche, valide, issue de la classe moyenne : la vie était facile.

En devenant mère, je me suis sentie pour la première fois rejetée par la société. Et alors, mes yeux et mon cœur se sont ouverts à la condition de milliers de personnes qui ne correspondaient pas aux exigences de cette société raciste, validiste, misogyne, grossophobe, homophobe, maternophobe.

L'ESPACE PUBLIC

Comme discuté dans le chapitre 1, les crises sont de magnifiques opportunités pour ouvrir les yeux sur des choses qu'auparavant on ne voyait pas : peut-être parce que ces sujets ne nous concernaient pas directement, peut-être qu'on manquait de conscience, peut-être qu'on choisissait aussi de ne pas les voir par facilité.

L'espace public n'était pas un sujet pour moi avant d'être mère. J'évoluais dans cet environnement, sans trop me poser de question. Mais une fois que l'on n'est plus seule, et qu'on a pris la responsabilité de faire venir un être sur Terre, on commence à réfléchir et à voir les choses différemment. Nos perspectives s'élargissent : il ne s'agit plus uniquement de notre confort, mais du monde que l'on offre et que l'on va laisser à nos enfants.

Et découvrant avec ces nouveaux yeux le monde qu'est aujourd'hui le mien, je ne suis pas exactement sereine.

À nous d'agir pour un changement de paradigme.

LES INFRASTRUCTURES

La crise de l'hôpital public est une réalité en France. La pandémie de Covid nous a bien montré à quel point ce service public était au bord du gouffre et pouvait couler en une fraction de seconde. Le personnel soignant milite depuis plusieurs années pour de meilleures conditions d'accueil et de travail. Et pour cause !

Il est important, je trouve, d'analyser dans quelles conditions l'État laisse les femmes accoucher dans ce pays dit des «droits de l'Homme».

Les maternités ferment les unes après les autres, laissant parfois les femmes face à plusieurs heures de trajet pour se rendre dans une structure pour accoucher; les locaux tombent en lambeaux faute de rénovation, le matériel et le personnel manquent...

Et tout cela a des répercussions très sérieuses sur les naissances. Faute de place, de personnel et de temps, les naissances sont cadencées, parfois accélérées, les femmes enceintes et leur partenaire sont préparés a minima : à quand une préparation au post-partum par exemple?

Parlons franchement : des enfantements sont sabotés. Ces services publics, qui n'ont de public parfois plus que le nom, doivent développer des logiques de rentabilité pour survivre et subsister. Mais est-ce bien éthique de vouloir rentabiliser les naissances?

Est-ce éthique de programmer toujours plus d'accouchements déclenchés afin de pouvoir maîtriser les plannings? Est-ce éthique d'imposer aux femmes trente minutes maximum pour pousser sous peine de sortir les instruments parce qu'on a besoin de la salle de naissance pour la prochaine patiente? Est-ce éthique de laisser une sage-femme s'occuper de 7, 8, 10, 15 patientes en même temps (3-4 patientes qui accouchent, et jusqu'à 10 en chambre)?

Ce cri d'alarme des sages-femmes via leur mouvement «Sage-femme code noir» est très révélateur des conditions d'accueil des enfants et des familles aujourd'hui en France, mais aussi des conditions déplorables dans lesquelles on laisse le personnel soignant travailler.

L'une des porte-parole de ce mouvement s'appelle Anna Roy. Sage-femme, autrice et chroniqueuse, elle se bat depuis des années pour l'amélioration des conditions de travail, mais aussi de l'accueil des familles. Elle est à l'initiative du mouvement «Une femme, une sage-femme» et déplore les conditions dans lesquelles ses consœurs et elle doivent exercer aujourd'hui.

Elle a publié en 2020 ce post sur Instagram devenu viral :

> **#1femme1sagefemme#jesuismaltraitante/Ep. 7/Sage-meuf Europe 1.**
> **Mme X (c'est comme cela qu'on anonymise les gens à l'hosto). Maëlys X est arrivée au creux de la nuit avec son amoureux pour donner naissance à leur premier enfant. Tout était doux et joli cette nuit-là, une nuit de début d'été. Elle avait une jolie robe à fleurs et le visage déformé par les contractions. J'ai posé le monitoring avec mon plus beau sourire, malgré la folie de cette nuit. Les huit salles de naissance, les deux**

salles d'urgence ainsi que la salle d'attente étaient pleines à craquer.

L'enregistrement du rythme cardiaque fœtal n'est pas bon, pas bon du tout. Je fais part aux parents de ma grande inquiétude. Le silence s'abat dans la pièce. Le coup de tonnerre est immense.

L'obstétricien de garde qui était en train de faire des forceps à côté arrive immédiatement, il sait que je n'appelle pas pour rien.

« On pose une rachi au bloc et on césarise, vite, très vite. »

Adjugé, vendu.

Il me jette un « ça pue du cul ».

Je lâche tout ce que je suis en train de faire, il ne faut pas traîner. Tic, tac. Chaque seconde, chaque minute supplémentaire, met en jeu le pronostic vital de ce petit garçon. Tic, tac. À moins que ce ne soit déjà trop tard. Tic, tac. On s'active comme des malades. Tic, tac.

Pour que cet enfant vive :

- Je laisse une femme sans péri qui hurle de douleur faute d'accompagnement. Elle est venue seule et elle comptait sur moi. Son conjoint l'a quittée pendant la grossesse. Maltraitance.
- Je laisse une femme dont le travail n'avance pas, je ne la posture pas, je n'administre pas ce que je devrais injecter, je ne fais rien de ce que je devrais. Je majore son risque de césarienne faute de temps. Maltraitance.
- Je laisse des femmes désespérées en salle d'attente, dont une qui vient parce que son bébé ne bouge plus. Maltraitance.

Je ne peux pas passer la main à mes collègues, elles peinent tout autant que moi à gérer leurs patientes, à sauvegarder la vie.

Je me bats pour que tout le monde vive.

Jacques naît très rapidement. Il va très mal. Très, très mal. Les pédiatres sont en route.

Désobstruction/ventilation/pas de récupération/intubation/légère récupération.
Les réanimateurs arrivent. Jacques souffrait certainement depuis un certain temps dans le ventre de sa maman. On emporte Jacques rapidement. Ils n'ont pas beaucoup de temps non plus.
Les parents de Jacques sont passés de la joie céleste aux ténèbres.
Je n'ai pas le temps de les entourer de paroles, j'ai trop de choses à faire. Maltraitance.
Nous laissons cette jeune mère avec le ventre vide seule avec son mari. Sans soins ni langage. Maltraitance.
Cette nuit-là, tout le monde a eu la vie sauve, finalement.
Après un séjour de deux semaines en réanimation, Jacques s'est parfaitement remis. C'est aujourd'hui un très beau petit garçon. On a bien bossé.
Cette photo a été prise alors que je faisais le ph (une analyse sanguine) de Jacques et la machine marchait mal comme souvent. Je ne voulais pas oublier cette nuit. J'ai pris en photo ce reflet pour ça. Cette nuit où j'ai créé trois états de stress post-traumatique, où j'ai rajouté de la souffrance à des situations déjà difficiles, voire tragiques.
Mme X a traîné des heures dans ses serviettes hygiéniques pas changées, avec sa douleur pas suffisamment prise en charge, sans nouvelles de son bébé, dans un désespoir profond.
Mme Y qui accouchait sans péridurale était partie trop loin psychiquement, elle avait été trop seule. La psy de la maternité a eu du mal à recoller les morceaux.
Mme Z, faute de bons soins donnés à temps, a eu des forceps assortis d'une épisiotomie parce que son bébé allait mal, le travail avait été trop long.
Tout le monde était en vie, oui. Mais il y avait eu de la casse.
Trois mauvaises prises en charge. De la casse corporelle, oui. Mais on n'accouche pas qu'avec son corps. Les dégâts

créés dans la tête sont aussi graves et mettent en péril la relation d'un enfant avec ses parents. Ce n'est pas rien le moment de la rencontre avec son enfant.
SUIS-JE COUPABLE ? JE SUIS AU MOINS COMPLICE. J'AI DEMANDÉ PARDON À CES TROIS FEMMES, À CES DEUX PÈRES ET À CES TROIS BÉBÉS. MAIS JE NE PEUX PAS ME SATISFAIRE DE CELA.
CETTE SITUATION N'AURAIT PAS EXISTÉ SI J'AVAIS ÉTÉ DANS LA SITUATION DES SAGES-FEMMES ANGLAISES. UNE FEMME PAR SAGE-FEMME, ET PUIS C'EST TOUT. C'EST URGENT. IL Y A BEAUCOUP TROP DE CASSE.

ANNA ROY, INSTAGRAM, 11 NOVEMBRE 2020

Par manque de moyens, le personnel soignant ne peut pas assurer des conditions d'accueil optimales et tout le monde en pâtit. De plus en plus de sages-femmes se retirent des structures afin d'exercer en libéral, un choix qui les précarise beaucoup mais qui leur permet une meilleure gestion de leur emploi du temps, et surtout de pouvoir exercer dans de meilleures conditions. L'hôpital public court réellement un grand danger, toutefois cela n'a pas l'air d'inquiéter notre gouvernement, malheureusement.

Une des pistes à creuser pour permettre un désengorgement des maternités et une meilleure répartition des naissances sur le territoire serait de permettre aux sages-femmes de pratiquer des accouchements assistés à domicile. Aujourd'hui en France, les naissances à domicile représentent seulement 2 % des naissances.

Et pour cause : cette façon de donner naissance est complètement diabolisée, par ignorance et par volonté aussi.

Par volonté de la part du monde politique :

Les sages-femmes qui souhaitent pratiquer des accouchements à domicile ne sont pas soutenues, et parfois même empêchées. Elles ne peuvent pas travailler dans des conditions sécurisées : on leur demande, pour être assurées, de payer l'équivalent de leur salaire annuel… Inutile de préciser que cela leur est impossible. C'est là une énorme barrière pour la démocratisation de cette pratique, puisque bien peu de sages-femmes prennent le risque de travailler sans être assurées.

Par volonté de la part du monde médical :

Depuis que le monde de la naissance est devenu une affaire d'hommes avec la création du domaine médical de l'obstétrique, les sages-femmes ont moins d'influence et sont conditionnées par des pratiques extrêmement encadrées et limitées à l'univers de l'hôpital. L'accouchement médicalisé est devenu la norme, la pathologie est devenue la norme, et la physiologie est devenue la transgression, l'exception. Ainsi, en toute logique, ce qui ne suit pas la norme est stigmatisé et on voit bien le rejet du monde de l'obstétrique au sujet de l'accouchement assisté à domicile.

J'ai moi-même choisi ce mode d'accouchement en conscience et quand j'en ai parlé à ma gynécologue, elle m'a clairement menacée en disant que je mettais en danger mon bébé. Elle m'a effrayée et si je n'avais pas été certaine de mes convictions, j'aurais sûrement remis en question ce projet qui me tenait tant à cœur, et qui s'est déroulé à merveille.

Je vous propose de lire les propos d'Yves Ville, chef de service de l'hôpital Necker, sur BFM TV au sujet de la maternité et de constater par vous-même la violence de ses propos à ce sujet. Dans le reportage, Yves Ville est présenté comme « le patron de la maternité de Necker » :

> Aujourd'hui, j'ai l'impression qu'on croit parfois plus les copines qui ont accouché dans le foin et pour qui ça s'est bien passé que le médecin qui vous dit de faire attention parce que vous avez 43 ans, vous avez fait une FIV et un diabète pendant votre grossesse, ce n'est peut-être pas très prudent d'aller jusqu'à 41 semaines.

Tout son discours autour de ce type de naissance n'est que condescendance, ignorance et infantilisation des femmes. Non, les femmes n'accouchent pas dans le foin. L'accouchement assisté à domicile ne convient évidemment pas à tout le monde mais d'autres possibilités, par ailleurs très peu soutenues, telles les maisons de naissance, sont pourtant envisageables.

En France, ces dernières années, neuf maisons de naissance (dont deux hors métropole) ont vu le jour selon un protocole dit «expérimental». Collées aux maternités et sous la responsabilité exclusive des sages-femmes, celles-ci permettent la prise en charge des patientes et de leur partenaire de façon physiologique, avec un suivi global dans un environnement «comme à la maison», mais avec tout l'équipement médical et la possibilité de transfert à l'hôpital en quelques minutes. Nous avons désormais des données tangibles et exploitables qui montrent des résultats très positifs, tant dans le vécu des patient·e·s que dans les faits : les accouchements se déroulent beaucoup mieux, avec moins d'interventions, mais malgré tout, la création de nouvelles maisons de naissance stagne par manque de volonté politique.

Permettre aux femmes de mettre au monde leurs enfants comme elles l'entendent, en sécurité, en étant respectées, dans des conditions optimales me paraît la base de la décence.

Et comme, j'en suis certaine, «le savoir, c'est le pouvoir», encore une fois l'accès à l'information est la clé. Et malheureusement, tant que l'écrasante majorité de l'opinion publique sera convaincue qu'une naissance sécurisée se déroule seulement à l'hôpital de façon médicalisée, rien ne changera vraiment. D'où l'importance de faire de la sensibilisation et d'encourager les femmes, mères, non-mères, sœurs, mais aussi les frères, les pères et futurs pères, les aidants, les accompagnants à s'informer sur le moment de la naissance. Cela nous concerne toutes et tous, de près ou de loin. Ce n'est pas qu'une affaire de femmes. Tout le monde est arrivé sur Terre de la même façon, vous avez forcément autour de vous des personnes qui vont vivre cette expérience. Il faut donc accepter de déconstruire les faux stéréotypes, décider de penser par soi-même, s'ouvrir au changement et sortir des sentiers battus. La route toute tracée qu'on vous a toujours présentée n'est peut-être pas celle qu'il vous faut.

L'URBANISME

> La société dans laquelle on vit, elle maltraite littéralement les mères. C'est-à-dire qu'on te dit : « Rentre chez toi, ferme la porte, et surtout garde bien la porte bien fermée et démerde-toi. »
>
> **CHLOÉ**

Le travail s'annonce intense et ardu, car la déconstruction des stéréotypes et comportements toxiques ne s'arrête pas seulement à la manière dont on donne naissance en France. C'est tout notre mode de fonctionnement au niveau sociétal qui est à revoir, à savoir comment on fait société ensemble. Dans le cadre de cet ouvrage, je voudrais m'arrêter sur un exemple concret qui en dit long sur le traitement réservé aux jeunes mères dans l'espace public. C'est l'histoire d'une jeune mère, le 19 juin 2023, qui a été confrontée à deux responsables d'un zoo de Lille pendant qu'elle nourrissait son enfant au sein. Ces derniers lui ont demandé de cesser et de ne pas allaiter en public. J'aimerais bien vous dire que c'est un cas isolé, mais malheureusement, pas du tout. Et parfois les mères allaitantes sont traitées avec encore plus de violence. En 2021, une jeune maman s'est pris une claque en pleine figure pour le même motif, et j'en passe. On ne veut pas voir un micro bout de sein, mais on ne met pas non plus en place d'endroits à disposition. C'est lunaire !

J'ai des difficultés à trouver les mots justes pour expliquer cette violence envers les femmes tellement elle me paraît inhumaine.

Pourquoi stigmatiser, violenter de jeunes mères qui donnent à manger à leur enfant affamé? Qui sont ces gens gênés par la vision d'un petit morceau de peau? Serait-ce parce que les corps des femmes sont sexualisés alors même qu'ils remplissent leur fonction nourricière?

La vue d'un sein peut provoquer ce genre d'attitude, de malaise, de dégoût, encore aujourd'hui.

Au-delà de l'attitude délétère d'un certain nombre de nos compatriotes, je déplore aussi dans cette situation le manque de moyens pour l'accueil des mères, bébés et familles en général. Si les jeunes mères et leurs besoins étaient respectés et entendus dans notre société, cette maman aurait-elle été obligée d'allaiter son enfant par terre?

Personnellement, j'en ai aussi fait la désagréable expérience. Lorsque j'ai repris le travail dans une entreprise parisienne, j'allaitais encore mon fils de 3 mois. J'ai passé de longs moments à tirer mon lait assise sur le sol des toilettes. Je peux vous dire qu'on se sent bien ridicule dans cette situation.

En prenant du recul sur ma condition de jeune mère, je me suis rendu compte que le fonctionnement de la société française est extrêmement discriminant : les villes sont imaginées et conçues pour les jeunes blancs actifs et valides.

“Alors, l'espace public français n'est pas du tout *kids friendly*, et c'est bien pour ça que nous avons besoin d'espaces particuliers *kids friendly*, et c'est pour ça que ces espaces existent. Moi je crois que l'une de mes plus grosses claques et un sujet de révolte et de colère depuis que je suis mère, c'est l'invisibilisation, l'hostilité contre les enfants et ceux qui les accompagne (et ce sont bien souvent des mères) dans l'espace public. C'est par exemple très compliqué de se déplacer dans l'espace public quand on a une poussette,

de la même façon que quand on est en fauteuil roulant. Ça, c'est une première chose.
Ensuite, beaucoup de lieux sont hostiles aux enfants, c'est-à-dire qu'il suffit de se promener avec un bébé ou un petit enfant pour juste avoir droit aux remarques et aux regards désobligeants ; parfois même l'enfant n'a juste rien fait, rien dit.
On se sent vraiment mis au ban, à l'écart. En fait, pas plus tard qu'il y a quelques jours sur Twitter, un énième message polémique… Donc l'idée, cette fois, c'était d'interdire aux enfants ou aux parents avec enfants l'achat des billets de première classe pour le train. Voilà…
On est quand même dans une société qui, assez tranquillement, trouverait ça normal, pour une partie d'entre nous visiblement, d'interdire tout simplement les espaces publics aux enfants, ce qui existe déjà dans les restaurants, ce qui existe dans des hôtels, des campings.
Voilà, moi ça m'interroge beaucoup sur cette notion d'espace public, espace public où les enfants ont disparu des villes.
Le sociologue Clément Rivière explique très bien comment, en quelques décennies et selon tout un tas de facteurs, les enfants ont disparu de nos rues. Je crois que ça devrait nous interroger collectivement ; et il se trouve que ce n'est pas le cas partout, donc il semblerait qu'il y ait une particularité française assez marquée. Il y a d'autres pays où les enfants sont dans la rue, y compris tardivement, les enfants sont même admis au cinéma…
Donc ça, c'est un vrai sujet qui est loin d'être anecdotique puisque ça participe fortement à l'isolement social des mères. Et je crois que finalement ça reflète assez bien la place que l'on réserve aux mères.
Le traitement des mères et des enfants dans l'espace public reflète finalement le sort qui leur est réservé dans la société, tout simplement. Le fait que l'on soit dans une société nataliste qui enjoint les femmes à faire des enfants,

non pas un, mais au moins deux si possible (mais pas trop non plus). Et une fois que finalement on est là et qu'on a fait ces enfants, à nous de nous débrouiller et, surtout, de ne pas trop s'inviter dans l'espace public parce qu'on nous fait sentir régulièrement qu'on est gênantes, indésirables… Voilà, je crois que c'est une situation qui parle d'elle-même et qui reflète assez bien la condition des mères dans notre société aujourd'hui.

AURÉLIA

Comme le dit très justement Aurélia, les familles, mais plus largement toutes les personnes qui ne rentrent pas dans la case « valides » n'ont pas leur place dans les villes. On ne se sent pas les bienvenues ni dans les restaurants ni dans les transports, nulle part en fait.

Juste l'exemple d'une poussette dans le métro, ça m'est arrivé deux fois, je me suis fait insulter deux fois ; donc je pense aux gens qui prennent le métro tous les jours et qui se font insulter tous les jours, enfin je me dis que peut-être ils se font insulter tous les jours. Et puis comment tu fais pour porter ta poussette ? Moi à chaque fois j'ai dû trouver un mec sympa pour m'aider, mais imagine si aujourd'hui il n'y a personne de sympa ? Non, mais la galère quand même ! Ensuite, tu te pointes au resto avec ton gosse et tout le monde te déteste ! Les gens te regardent en se disant : « Mais qu'est-ce qu'elle fait, pourquoi elle vient avec son gosse, elle veut ruiner notre déj ? » Et va trouver une chaise haute ! Impossible.

Et puis les gens, en France – je peux dire en France parce que j'ai un peu voyagé avec Andréa donc j'ai quelques comparaisons –, ils détestent les enfants. En France, on a ce truc de dire « j'aime pas les enfants », et d'ailleurs on ose le dire plus facilement que « j'aime pas les animaux ».

Moi je connais plein de gens qui disent « j'aime pas les enfants », et c'est OK de ne pas aimer les enfants ; et il y en a d'autres qui disent qu'ils n'aiment que leurs enfants et pas ceux des autres… Et du coup, j'ai l'impression que personne ne fait d'efforts pour simplifier la vie des mères et des pères.
Tu vois, quand tu te pointes avec ton enfant, tout de suite tu vas ressentir que tu fais chier. Alors que quand tu voyages à Marrakech, tout le monde va remarquer ton enfant, dire qu'« il est trop mignon », le prendre dans les bras. On a eu aussi la chance de partir au Mexique, et tout le monde lui parlait, dans le moindre boui-boui t'as une chaise haute…
Je ne dis pas que les choses sont adaptées, mais au moins les gens sont sympas, et ça change tout. En France, je trouve que les gens ne sont pas sympas, on te fait toujours ressentir que ça ne va pas… Dans ton travail, c'est relou parce que t'es fatigué·e, quand tu viens à un dîner de famille, c'est relou…
En fait, j'ai l'impression que pour la société il faut faire des enfants, que tout le monde fait des enfants, mais que quand les autres font des enfants, ben… c'est chiant, on ne les soutient pas.

JULIE

Pas étonnant que la première souffrance des jeunes mères en post-partum soit l'isolement. Rien n'est malheureusement fait pour les accueillir décemment, pour les faire se sentir acceptées.

Par ailleurs, je trouve qu'il y a une peur de déranger très prégnante dans la culture française. On ne veut pas déranger, on s'excuse presque d'exister quand on vient troubler la tranquillité d'un voisin dans le train, par exemple.

> Moi quand mon enfant ou mon bébé ou mes bébés (j'en ai eu deux) pleuraient dans le train, j'étais affolée, j'étais embêtée, j'étais terrifiée que les gens soient dérangés par mon bébé qui pleure.
>
> **MAYLIS**

Je remarque ce trait de caractère chez beaucoup de mamans. Il paraît assez évident que cela vient de notre éducation, dans laquelle on nous a très souvent enseigné, inculqué, qu'il fallait être bien sage, ne pas faire de bruit, ne pas déranger les adultes.

Et cela se ressent aujourd'hui dans notre manière d'interagir avec les autres et d'être au monde.

Évidemment, le respect et le vivre-ensemble sont très importants. Mais de quel côté est l'irrespect, quand on se fait mal regarder ou carrément mal parler dans le train, lorsque notre bébé de 3 mois pleure ? Parfois, il serait judicieux de se demander qui a la capacité d'autoréguler ses émotions : mon bébé de 3 mois ou mon voisin de 38 ans qui souffle, peste et me fait comprendre que je le gêne ?

De mon côté, j'ai opté pour la solution du « je m'en fous » qui fonctionne très bien. Quand je suis avec mon fils dans un lieu public, j'estime qu'il a le droit d'exister, donc de parler, de pleurer s'il est triste, de s'impatienter, de manger où il veut quand il veut, de jouer, de rigoler, etc., n'en déplaise aux voisins hargneux. Je les regarde et je souris, toujours ouverte à la discussion pour leur expliquer que mon enfant a autant sa place dans cet espace que la personne adulte en face de moi. Mais au fond, je ne peux m'empêcher de penser que si les gens hargneux s'autorisaient à pleurer de temps à autre, ils iraient certainement un peu mieux.

> En Suède (...) c'est vrai que la place de l'enfant dans la société n'a rien à voir avec ce qui se fait en France. Donc si on parle de l'espace public, je dirais que les enfants y

prennent autant de place que les adultes finalement. Et cette place leur est donnée par les adultes et la société. En leur permettant d'avoir cette place dans l'espace public, ils en font finalement des citoyens à part entière.
Il n'y a aucun endroit où seul l'adulte a de la place, où l'enfant n'est pas le bienvenu. Il existe aussi des endroits où il n'y a pas d'enfants, mais globalement, dans la société, l'enfant est là, on le voit tout le temps : il est en mouvement, il existe, il parle, il court, il grimpe aux arbres. Et ça crée ainsi une autre relation à l'enfant, qui finalement n'est pas un intrus dans la société d'adultes, faite par les adultes pour les adultes ; mais il devient finalement un acteur plein. Un citoyen quoi !
Ça peut paraître tout bête, mais c'est, je pense, une très grande différence et cela est très directement lié au fait que les enfants sont moins violentés, que leur éducation est beaucoup plus respectueuse. Tout ça est lié. Qui est l'enfant dans la société ?

MARION

Quand j'ai interviewé Marion, spécialiste des droits de l'Enfant et de la Suède, autrice d'*Une enfance en nORd*[9], elle m'a confié que c'est en s'expatriant en Suède qu'elle a pu constater la violence de notre société française envers les enfants. En voyant qu'ailleurs on faisait différemment, elle a dû sortir de son système pour mieux déconstruire toute son éducation et toutes ses croyances à ce sujet.

J'avais vécu ce genre d'expérience de mon côté en tournant aux Pays-Bas, pour mon premier film *Post-partum*. J'avais constaté, émerveillée, la qualité de la prise en charge des jeunes mères et des familles post-accouchement. Ça n'avait littéralement rien à voir avec chez nous.

9. Marion Cuerq, *Une enfance en nORd*, Marabout, 2023.

Je pense que Marion a raison sur le fait que parfois nous sommes trop pris·e·s par notre quotidien et notre éducation pour remettre en question cette dernière. Mais dès que l'on observe les bonnes pratiques chez nos voisins, une autre perspective se dessine.

Je ne peux que vous encourager à lire le livre de Marion et à suivre ses travaux sur Instagram si le sujet vous intéresse. Je ne pourrai pas faire une synthèse exhaustive ici de toutes les différences entre la Suède et chez nous, mais je peux vous donner quelques exemples :

- Les lieux publics sont équipés pour recevoir des familles et de jeunes enfants. Et ils sont les bienvenus.
- La Suède a interdit les châtiments corporels infligés aux enfants, y compris les châtiments légers, en 1979. Cette interdiction vise à protéger les enfants et à promouvoir des méthodes éducatives positives et non-violentes. Il a fallu attendre 2019 pour la France.
- La Suède encourage la participation active des enfants dans les décisions qui les concernent, notamment dans les écoles et les communautés. Cela renforce leur sentiment d'appartenance et leur estime de soi.
- Des centres de soutien à la parentalité proposent des conseils, des ateliers et des groupes de discussion pour aider les parents à développer des compétences d'éducation positives et non-violentes.
- Après le congé de maternité, les parents ont droit à un congé parental prolongé. Le congé parental est appelé «föräldraledighet». Ce congé peut être pris par la mère et le père, et il est encouragé que les deux parents le prennent pour promouvoir l'égalité des sexes dans la prise en charge des enfants. En Suède, il est normal que les parents se partagent équitablement le congé parental. Une partie du congé parental est réservée exclusivement pour chaque parent, ce qui signifie que si un parent ne prend pas sa part de congé, cette partie du congé

est perdue. Les parents ont aussi la possibilité de prendre leur congé parental de manière flexible, en le répartissant sur plusieurs années. Cela leur permet de trouver un équilibre entre leur carrière et leur rôle parental.

Je rêve d'un monde où les enfants seraient les bienvenus et accueillis dans nos lieux de vie : restaurants, transports publics, institutions. Ne sont-iels pas des citoyen·ne·s à part entière ? N'ont-iels pas autant de droits que nous ?

La volonté des mères et des familles de se retrouver et de se sentir accueillies est pourtant bien là. J'ai cofondé l'association du club poussette en avril 2022, et, en 18 mois, c'est plus de 10 000 mamans qui se sont inscrites pour se retrouver avec d'autres mères.

De nombreuses initiatives voient le jour en France. Des femmes et des hommes prennent les devants en ouvrant des lieux *kids friendly* où tout est pensé pour l'accueil des familles. J'en ai rencontré un certain nombre lors des tournées de projections organisées en 2022-2023 pour mes documentaires.

Des personnes engagées qui se battent pour faire évoluer les mentalités, et qui mettent au service de cette cause toute leur énergie. J'ai aussi vu leur souffrance et leurs difficultés à faire perdurer des projets entrepreneuriaux : sans réel soutien, iels font fonctionner des business (café poussette, lieux de vie pour parents/enfants, etc.) en fonds propres et s'y retrouvent rarement.

Ces personnes, animées des meilleures intentions comme celles d'être inclusives et de pratiquer des prix accessibles pour toutes les familles, se retrouvent souvent sur la paille, car leur modèle économique n'est pas viable sans soutien politique, sans subventions… Ce n'est pas facile de lutter pour l'inclusion des familles dans une société patriarcale et capitaliste.

LES DROITS DES ENFANTS

J'ai pu remarquer qu'en France, on aime les enfants dits « calmes ». On aime les enfants qui ne bronchent pas, qui obéissent sur commande, qui ne prennent pas d'espace. Mais est-ce que ces enfants sont vraiment des enfants ? La beauté et la joie de l'enfance se trouvent justement dans ces émotions brutes, pures, qu'iels sont encore en mesure de ressentir.

Mais au fil du temps et de l'éducation qu'iels vont recevoir, on va leur apprendre à totalement se couper de leurs émotions : ne pas crier, ne pas pleurer, ne pas faire de scènes, ne pas rire trop fort, ne pas parler en même temps qu'un adulte, être sage comme une image, rester assis, ne pas faire trop de bruit... Écouter, écouter, écouter, obéir, obéir, obéir. J'ai le sentiment que cette éducation se rapproche plus, en réalité, de la domestication.

Et c'est un poids que je ne veux pas faire porter sur les épaules des parents seulement. Parce que c'est aussi bien ça tout le problème : l'éducation des enfants ne se fait pas qu'à la maison, mais aussi à l'école avec les camarades, les professeurs, le personnel de cantine et dans le cercle familial avec les grands-mères et grands-pères, la belle-mère, le beau-père, les oncles et tantes, les dessins animés, ce qui est montré à la télé... L'enfant se nourrit de son environnement, cherche la validation, en tire des conclusions et adapte son comportement.

Je me souviens qu'enfant je n'avais qu'une hâte, celle de grandir. Je me sentais à l'étroit dans ma condition d'enfant. J'avais le sentiment de n'avoir prise sur rien, que mon jugement n'importait jamais, que mes opinions n'avaient pas lieu d'être, et surtout que tout était inadapté pour les personnes de mon âge. Je n'avais pas le droit de faire ci ou ça, car c'était des activités réservées aux grandes personnes, je devais obéir au doigt et à l'œil et ne pas faire de vagues. Quel ennui !

LA CONVENTION COLLECTIVE DES DROITS DE L'ENFANT

« Je pense que les objectifs ne sont pas forcément les mêmes en France et en Suède. Les intentions sont les mêmes, elles sont universelles et bonnes : on veut le bonheur des enfants, je pense qu'il n'y a pas de frontières là-dessus.
Après, ce qu'on en fait de ce bien-être des enfants, là par contre ça diffère énormément. Si tu prends la convention des enfants, qui est très peu connue en France, mais qui a beaucoup d'impact en Suède, dedans il y a deux piliers – enfin il y en a plus que ça – mais disons qu'il y a deux pans dans cette convention : c'est d'un côté l'enfant comme un objet de protection, et l'enfant comme un sujet de participation.
Donc c'est-à-dire qu'en tant qu'adultes plus forts, détenant le pouvoir et finalement à peu près toute la puissance sur l'enfant dans la société, on doit les protéger parce qu'ils ont une vulnérabilité particulière de par leur statut social. Et ça, en France, on commence à l'intégrer un petit peu, on commence à avoir des gens qui parlent de la protection de l'enfance. Il faut protéger les enfants, enfin, il y a plein de choses qui sont faites là-dessus.
Mais on oublie complètement le deuxième pan de la convention de l'enfant, c'est l'enfant sujet de participation. Ça veut dire quoi ? Ça veut dire que l'enfant a autant le droit qu'un adulte de s'exprimer, d'influencer sa vie, de donner son avis, d'être pris au sérieux par les adultes, parce que ça restera l'adulte qui est le pouvoir de décision, et justement parce qu'on va être au-dessus d'eux en matière de pouvoir, on a une responsabilité en tant qu'adulte que de se conscientiser sur ce pouvoir.
Oui, nous sommes supérieurs aux enfants dans la société, et pour ne pas en faire n'importe quoi de ce pouvoir, on doit laisser de la place à l'enfant. Négocier, discuter, tout ce qui

finalement est vu comme quelque chose de très négatif en France, à faire dans une éducation.
Mais on doit cela aux enfants, selon l'article 3 de la convention de l'enfant qui parle de l'intérêt supérieur de l'enfant, qui doit toujours être une considération primordiale parmi toutes nos considérations. Et nos décisions vont de pair avec l'article 12.
L'article 12 est la représentation de l'enfant comme sujet de participation. Il dit que l'enfant a le droit de s'exprimer, de donner son avis, et que nous, adultes, devons écouter. Dans la convention de l'enfant, il y a une observation du comité qui dit que l'article 3 ne peut pas aller sans l'article 12. Donc tu ne peux pas réaliser l'intérêt supérieur de l'enfant si tu ne demandes pas à l'enfant, si tu ne consultes pas l'enfant, c'est ce qu'on appelle un « enfant compétent » dans la recherche.
Et ça, je pense que c'est quelque chose qui vient peut-être après, quand on conscientise la protection, qui est déjà un gros pan. (…) Et quand on les a protégés et qu'on a pris conscience de ça, la deuxième étape c'est : « Ah, mais ils ne sont pas que vulnérables, ils sont aussi profondément compétents. »
Et en Suède, avec leurs quarante-quatre ans de lois, qui interdisent toute violence envers les enfants, ça fait des adultes qui sont des parents et des professionnels qui n'ont pas été violentés. La plupart des Suédois n'ont jamais été tapés ni punis. Donc ça fait forcément des adultes qui ont un tout autre niveau de pensée sur ce qu'on peut faire pour encore améliorer la condition des enfants.

MARION

La convention internationale des droits de l'enfant (CIDE) est malheureusement assez méconnue des Français et Françaises. Je n'en avais personnellement jamais entendu parler avant de rencontrer Marion qui m'a éclairée sur ces sujets.

La convention des droits de l'enfant est un instrument puissant pour protéger et promouvoir les droits de chaque enfant à travers le monde. Elle met l'accent sur les principes fondamentaux de non-discrimination, d'intérêt supérieur de l'enfant, de droit à la survie et au développement, ainsi que du respect des opinions de l'enfant. Bien qu'il y ait encore beaucoup à faire pour garantir que tous les enfants puissent jouir pleinement de leurs droits, la convention demeure une pierre angulaire dans la construction d'un avenir meilleur pour les générations futures.

Composée de 54 articles, cette convention définit les droits fondamentaux qui sont dus à chaque enfant, sans exception. Voici quelques exemples d'articles clés de la convention :

- Non-discrimination (Article 2) : Cet article stipule que les États parties doivent garantir que chaque enfant bénéficie de l'ensemble des droits énoncés dans la convention, sans aucune discrimination de race, de couleur, de sexe, de langue, de religion, d'origine sociale ou autre. Il souligne l'importance de traiter chaque enfant sur un pied d'égalité, sans favoritisme ni exclusion.
- Intérêt supérieur de l'enfant (Article 3) : Cet article établit que dans toutes les décisions et mesures concernant les enfants, l'intérêt supérieur de l'enfant doit être une considération primordiale. Cela signifie que les choix qui affectent les enfants doivent être guidés par ce qui leur est le plus bénéfique sur les plans physique, émotionnel, social et intellectuel.
- Droit à la vie, à la survie et au développement (Article 6) : Cet article garantit le droit fondamental à la vie et à un développement optimal. Il reconnaît le rôle crucial des États parties pour assurer la survie de l'enfant, favoriser son développement physique, mental, spirituel, moral et social, et lui permettre de réaliser son plein potentiel.
- Droit à l'expression et à la participation (Article 12) : L'article 12 consacre le droit de chaque enfant à exprimer librement son opinion sur les questions qui le concernent et à ce que son

opinion soit prise en compte. Il encourage la participation des enfants dans les décisions qui les touchent, favorisant ainsi leur développement en tant que citoyens actifs et responsables.

- Protection contre la violence (Article 19) : Cet article garantit aux enfants le droit d'être protégés contre toute forme de violence, qu'elle soit physique, mentale ou émotionnelle. Il souligne l'obligation des États de prendre des mesures pour protéger les enfants de la maltraitance, de la négligence et de l'exploitation.
- Droit à une identité (Article 7) : Cet article stipule le droit des enfants à une identité, y compris un nom, une nationalité et, dans la mesure du possible, à connaître leurs parents et à être élevés par eux. Il vise à préserver l'identité culturelle et familiale des enfants, ainsi qu'à protéger les enfants contre l'adoption illégale ou non-éthique.
- Droit à l'éducation (Article 28) : L'article 28 énonce le droit des enfants à l'éducation. Il encourage les États parties à rendre l'éducation primaire obligatoire et gratuite pour tous, à développer des systèmes éducatifs accessibles, inclusifs et de qualité, et à promouvoir l'égalité des sexes dans l'éducation.
- Protection contre le travail infantile (Article 32) : Cet article affirme que les États parties doivent protéger les enfants contre l'exploitation économique et le travail préjudiciable à leur santé, à leur éducation ou à leur développement physique et mental. Il souligne également l'importance de fixer un âge minimum légal pour l'emploi.

Et si vous pensez que tout cela semble évident et coule de source, détrompez-vous. Les droits fondamentaux sont loin d'être respectés et entendus dans la plupart des pays, y compris en France.

VERS LA FIN DE LA VIOLENCE

En plus de l'ennui subi dû à ma condition d'enfant, j'ai dû, comme beaucoup d'entre nous, endurer de la violence.

C'est en relisant mon histoire à travers les yeux de mon fils que j'ai pris conscience de toute cette violence intériorisée. En voyant comme j'avais à cœur de le protéger des mauvais traitements, j'ai pris conscience de ce que j'avais vécu et qui pourtant me paraissait à l'époque « normal » : la norme, puisque c'est la seule chose que j'avais connue.

Encore une fois, c'est en faisant un pas de côté en choisissant un chemin différent pour mon fils que j'ai pris conscience qu'il était possible de faire autrement, et que ce que j'avais vécu aurait pu être évité. Tout du moins, je ne souhaitais pas reproduire ce schéma et lui imposer ce dont moi j'ai été victime.

Je me souviens des cris, des punitions, des ordres de me taire et de ne pas répondre aux adultes, des réprimandes, des claques si je n'écoutais pas, un coup de ceinture par-ci par-là. A priori, rien de très traumatisant... A priori.

Je me souviens de l'inceste que j'ai subi durant plusieurs années. Je me souviens du policier qui prenait ma déposition quand j'avais 6 ans et qui a inscrit noir sur blanc dans le procès-verbal que j'étais une petite fille séductrice, belle, enjouée. Je me souviens de la maîtresse tyrannique qui me disait que j'étais insupportable et bonne à rien, elle me faisait si peur. Je me souviens des centaines de lignes copiées au lycée parce que j'avais répondu à un professeur injuste. Je me souviens du renvoi de l'école, je me souviens de la directrice du lycée qui m'a dit que je ne ferai rien de ma vie.

Je me souviens de la domination sans limite des adultes sur mon petit corps exposé.

Je me souviens de l'injustice. Les litres de larmes que j'ai dû ravaler. La colère folle qui n'avait pas le droit de s'exprimer, si ce n'est contre moi-même.

Et on pourrait se dire que mon histoire date d'il y a vingt ans, qu'aujourd'hui les choses vont mieux. Mais cela serait un leurre. En 2022, en France, les chiffres des violences faites aux enfants sont inconcevables : 18 enfants violés par heure, 200 enfants maltraités par jour, 1 enfant meurt tous les 5 jours sous la violence de ses parents, 400 000 enfants par an sont co-victimes de violences conjugales.

Et si tout le monde en France était à peu près d'accord pour admettre qu'un viol sur enfant est un drame sans nom, je me permets de rappeler que la violence psychologique répétée provoque des désastres émotionnels du même ordre. Il n'y a pas d'échelle de la violence. La violence, c'est la violence, point.

L'humiliation, le rejet, le préféritisme entre enfant de même famille, les claques, les tapes, les hurlements, les insultes, mais aussi laisser un enfant pleurer des heures pour lui apprendre à dormir, l'enfermer, ne pas prendre en compte le développement de son cerveau, c'est de la violence.

Et cette histoire que je vous ai racontée plus haut, qui est la mienne, c'est finalement l'histoire de nous toutes et tous. Mon histoire, c'est l'histoire du patriarcat. C'est l'histoire des hommes et des femmes qui dominent et maltraitent. Je ne connais pas une personne qui n'a pas été humiliée, battue, violentée psychologiquement ou physiquement par des personnes de son cercle familial ou proche dans son enfance. Parfois on préfère oublier, ne pas conscientiser ou même se convaincre que cela était pour son bien et qu'on l'avait bien mérité. Mais rappelons-nous que l'amour et la maltraitance ne vont jamais de pair. Il est temps d'ouvrir les yeux, car aujourd'hui ce sont nous, les adultes. Et c'est nous, qui avons la possibilité de faire changer l'histoire, de couper les schémas toxiques. Il n'est jamais trop tard pour demander pardon : à soi-même, ou à son·ses enfant·s.

Nous avons tous et toutes les moyens de changer la fin de cette histoire qui a mal commencé.

En acceptant de revenir sur notre passé, de soigner les blessures sur lesquelles nous avons posé un pansement de fortune afin de continuer à fonctionner.

En refusant de nous soumettre à la règle patriarcale.

En refusant de perpétuer cette tradition qui tue ce qu'il y a de beau et d'humain en nous.

En acceptant de nous ouvrir au changement.

En acceptant d'avoir agi sous influence.

En nous pardonnant.

En ouvrant notre cœur à la différence et à la rébellion.

(Et en lisant les féministes qui prônent ce message d'amour depuis cinquante ans et plus, voir la bibliographie en fin d'ouvrage.)

Il faut entamer le processus de guérison pour nous-mêmes et accepter de nous reconnaître comme des victimes de ce système défaillant, pour ensuite pouvoir agir différemment. Il n'y a pas d'âge pour amorcer cette transition, ce retour vers l'amour et le respect. Il n'y a pas d'âge pour se réparer et se rebeller.

Et pour que le cercle soit vertueux, la manière dont nous éduquons – au moins à la maison – nos enfants doit elle aussi changer : les humiliations, la violence physique, verbale, sexuelle, la domination doivent cesser pour laisser place à une éthique du respect, de l'amour, de la bienveillance.

Et cela ne se fera pas du jour au lendemain. C'est un chemin, pour nous adultes traumatisés, que de nous inventer parents bienveillants sans aucun modèle. Et cela ne signifie pas être parfaits, loin de là. N'essayons pas d'apprendre à nos enfants que la perfection existe. Il s'agit d'une attitude d'écoute, de pardon, d'ouverture à adopter. C'est une vraie éducation, un vrai travail que de nous renseigner sur l'enfance, le développement du cerveau de ces petits êtres, et sur la façon dont nous pouvons aussi apprendre d'eux.

Donnons-leur le droit d'exister pour ce qu'ils sont, sans chercher à vouloir les changer; laissons-leur le droit d'exister, même si ça nous dérange ainsi que le monde autour.

« Au début, quand j'étais enceinte, je pleurais beaucoup parce que j'étais triste que mes parents ne soient pas là. Donc je pleurais beaucoup, et au début je m'excusais auprès de ma fille à chaque fois que je pleurais. Je lui disais : « Désolée, ce n'est pas à cause de toi que je pleure. Ne m'en veux pas. » Et c'est arrivé tellement souvent qu'à un moment je me suis dit : « Je ressens des émotions (…) et je pleure parce que je suis un peu triste, quoi. Je suis un peu triste parce que ce n'est pas facile. Parce que j'aimerais que mes parents soient là, et qu'ils ne sont pas là. Mais c'est pas à cause de toi. » J'avais peur qu'elle naisse avec le poids de ma souffrance. Et c'est dingue parce que ce n'est pas le cas.

ANISSA

« La société ne te donne pas les outils pour devenir mère, t'as beaucoup d'injonctions… Nous les femmes, on est débrouillardes, on va regarder à droite à gauche, on va lire des livres, regarder des docus, écouter des podcasts, on va essayer de comprendre les choses… Mais il y a un très gros manque de la part des institutions quand même. Je me suis rendu compte du manque d'investissement dans la petite enfance et dans l'accompagnement des mères, et je me suis dit : « Mais, si on réglait juste ce problème, qui n'a pas compris que la société irait mieux ? Où est-ce que ça bloque là, je ne comprends pas ? » Vraiment, ça m'a sauté aux yeux : pourquoi on ne prend pas soin des mères ? Pourquoi on n'explique pas aux gens que taper leurs enfants c'est vraiment problématique et qu'il y a mieux à faire ? Pourquoi on n'explique pas que dire aux petits garçons « arrête de pleurer » ça a des conséquences monstrueuses sur notre société patriarcale ? Ça vient de là en fait, et les trois ou six premières années de vie de l'enfant, pourquoi on ne s'en occupe pas ? Pourquoi on met autant d'argent dans l'armée ? Ça, pour moi, ça a été l'apprentissage le plus violent, de comprendre que « on s'en fout en fait, parce que ce sont des femmes ».

CLÉMENTINE

J'ajoute, pour les personnes qui souhaitent enclencher cette démarche de guérison et de pardon, qu'il faut qu'elles s'attendent, au début, à être seules dans cette aventure : n'attendez pas de soutien de votre famille, de vos ami·e·s, s'iels n'ont jamais manifesté ces idées. Tout simplement parce que la plupart des gens ne sont pas encore prêts et assez courageux pour entamer cette démarche.

Mais s'il faut s'écarter un peu, je vous assure qu'en faisant de la place, vous attirerez à vous d'autres personnes extraordinaires, alignées avec vos valeurs mises à jour. Et croyez-moi, ces rencontres sont puissantes et feront vibrer votre cœur comme peut-être jamais auparavant.

LE TRAVAIL

Si j'avais des attentes idéalisées concernant le rôle de mon entourage ou de la société, il faut dire que je n'avais pas spécialement imaginé que ma manière d'appréhender le travail allait être impactée par la naissance de mon bébé.

Pendant toute ma grossesse, je n'ai pas envisagé une minute que tout allait changer. Je me revois dire à mon manager de l'époque que j'allais prendre le minimum de congé maternité et revenir vite.

Je me remémore cette époque de ma vie comme une période mêlée d'ignorance et d'inconscience. Une certaine colère de ne pas avoir été suffisamment informée de ce qui m'attendait réellement subsiste encore en moi.

> “En fait, tout s'est arrêté dans ma tête. C'est ça en fait, il y a le nourrisson qui arrive avec un bouleversement de vie et de perspectives. Ce projet professionnel qui me tenait tant à cœur, qui était si important, n'avait plus aucune valeur une fois que j'avais accouché. C'est fou, tout se remet en perspective. Ça perd du sens en fait, dans notre vie pro. On a l'impression d'être sortie d'une roue de hamster, et c'est là où j'ai démissionné. J'ai monté ma boîte dans le bien-être sexuel, alors que j'étais à deux mille lieues de penser que j'étais capable de prendre ce risque, de sortir de ma zone de confort… Et en fait, ça me va tellement l'entrepreneuriat !
>
> **LUCIE**

En moi aussi un virage s'est opéré. Pendant les premiers mois de ce congé maternité qui n'a de congé que le nom, mon travail auquel je tenais pourtant beaucoup n'avait plus d'importance. Ce n'est pas surprenant, car tout est remis en question. L'importance que j'avais pu donner à ce travail, à ma carrière, n'avait plus de sens après l'arrivée de Ferdinand. Toute mon énergie était concentrée sur lui.

> “Avant, ça ne me coûtait rien d'aller bosser, enfin tout le monde va bosser ; et là, d'un coup, ça te coûte quelque chose. Ça te coûte ton enfant de trois mois qui est en train de chialer toute la journée, qui refuse de prendre le bib'. Enfin, tu vois, c'est quand même une pression de malade quand tu commences à laisser ton bébé. Toute la journée, j'attendais des nouvelles de ma nounou, mais pour faire quoi en fait ? Et là, maintenant, je ne me pose plus la question. Ce que je fais, j'estime que c'est hyperimportant, donc

du coup il n'y a pas de débat, je suis épanouie, ça fait sens, mon fils est bien à la crèche… Et je pense que même s'il n'était pas bien – à moins qu'il ne soit pas bien du tout – je ne considérerais pas de quitter le taf pour le garder à 100 %.

JULIE

Devoir laisser Ferdinand pour reprendre le travail à trois mois et demi a été un déchirement. Je l'allaitais encore, mon corps était encore endolori de l'accouchement, et surtout nous n'avions pas eu le temps de trouver notre rythme. Avec ce début de post-partum difficile, un bébé souffrant de RGO, des tonnes de rendez-vous médicaux, des nuits sans sommeil, je ne comprenais pas comment il pouvait être toléré que je reprenne le travail dans ces conditions. Et en même temps, c'est bien là toute l'ambivalence : en le laissant chez la nounou, j'ai pu regagner un peu de temps pour moi, souffler, me retrouver pour la première fois depuis trois mois.

Il m'apparaît clairement, après avoir échangé avec de nombreuses mères, que la reprise du travail à trois mois post-partum dans ces conditions est sans conteste une violence de plus que l'on impose aux femmes qui font le choix d'avoir un enfant.

On est toutes un peu dans ce passage-là, où on ne sait plus trop qui on est, si ça nous intéresse vraiment le travail, qui n'est pas adapté aux horaires et aux conditions de vie des jeunes mères… Donc ça fait beaucoup d'éléments qui font qu'on a envie de se barrer du taf. Sauf que parfois, il faut juste un temps d'adaptation. Que les emplois soient mieux adaptés aux femmes, pour qu'elles aient le temps de reprendre leur passion (parce que parfois c'était vraiment une passion) ; et parfois non, parce qu'elles ont changé. Moi je vois tellement que c'est commun de changer à 180° de taf. Et aussi parce que le monde du travail n'est pas adapté à la famille et n'est pas adapté au fait que les femmes veulent une carrière et des enfants, mais qu'elles doivent choisir. Et donc qu'est-ce qu'elles font les femmes ? Elles choisissent leurs enfants la plupart du temps. En tout cas, dans les stats, tu verras qu'elles choisiront plus leurs enfants que le travail. Sauf que ça a des conséquences immenses.

CLÉMENTINE

VIOLENCE PHYSIQUE

- Accouchement : il faut souvent plus de trois mois pour se remettre d'une grossesse de neuf mois et de l'accouchement qui, dans une grande majorité des cas, n'est pas pratiqué dans des conditions idéales (voir le troisième chapitre). De plus, lorsqu'on pense à l'accouchement, on pense souvent à l'accouchement par voie basse, mais ce serait invisibiliser les 20 % de femmes qui accouchent par césarienne et qui ont besoin de bien plus de temps pour s'en remettre.
- Lien d'attachement : par ailleurs, il a été démontré que pour mettre convenablement en place le lien d'attachement, les parents ont besoin de beaucoup de temps à proximité de leur bébé.
- Sommeil : le rythme circadien des bébés n'est pas installé avant leurs six mois, ce qui signifie qu'ils ne sont pas en mesure de dormir plus de quelques heures d'affilée. Demander de reprendre le travail au bout de trois mois, c'est demander à des personnes de travailler alors qu'elles ne dorment pas correctement. Dans quel autre contexte demanderait-on cela à des gens ? Aucun.
- Allaitement : les mamans qui font le choix d'allaiter le savent, il faut du temps pour que l'allaitement se mette en place correctement. Ce n'est pas instantané. Au bout de trois mois, on commence à prendre le rythme et il s'agit de tout bouleverser pour commencer le sevrage ou le tire-allaitement. Pour l'avoir vécu, c'est une immense violence.

VIOLENCE PSYCHOLOGIQUE

La mère est programmée – tout comme le père s'il passe du temps avec l'enfant et crée un lien d'attachement – pour veiller sur son bébé. La séparation au bout de trois mois, et ce pendant neuf heures d'affilée, je l'ai personnellement vécue comme une torture. Prendre l'air loin de mon bébé pendant une heure ou deux oui, mais neuf heures ! Je me rappelle être rentrée le soir vers 19 heures en larmes, courir pour serrer mon bébé dans mes bras, le retrouver lui aussi en larmes, le mettre au sein (qui était au bord de l'implosion) et me demander dans quelle galaxie je me trouvais pour vivre ce genre de déchirement.

Le monde du travail en France est maltraitant avec les jeunes mères, mais aussi avec les jeunes pères. Il faut le dire, car il faut que ça change absolument.

Le premier changement qui doit être mis en place, et ce dès que possible, c'est l'allongement du congé paternité. La mesure gouvernementale de 2021 de l'allongement de 14 à 28 jours est tout à fait insuffisante[10].

Une telle différence entre le congé maternité et paternité démontre bien qu'encore une fois ce sont les mères qui ont la responsabilité des enfants, et que les pères sont optionnels.

J'entends parfois de la part de mon entourage que la mère a besoin d'un congé plus long parce que c'est elle qui a subi l'accouchement et qu'elle doit se rétablir. Mais c'est justement bien là tout l'intérêt d'avoir le coparent présent à ses côtés : pour que

---

10. L'allongement du congé paternité en France a été mis en place par la loi n° 2020-1721 du 29 décembre 2020 de financement de la Sécurité sociale pour 2021. Avant cette réforme, la durée du congé paternité était de 14 jours calendaires, dont 3 jours de congé obligatoires après la naissance de l'enfant. La nouvelle loi a porté la durée totale du congé paternité à 28 jours calendaires, dont 7 jours de congé obligatoires. Les 21 jours de congé restants sont facultatifs, mais incitatifs, et peuvent être pris dans les 4 mois suivant la naissance de l'enfant.

la mère puisse se reposer un minimum. Lorsque le coparent repart au travail dans le mois qui suit la naissance, la mère se retrouve seule à devoir gérer le nouveau-né, le foyer, etc. Et cela représente un travail éreintant et à temps plein.

Valoriser le congé paternité dignement, c'est aussi militer pour que les papas endossent leur rôle et se sentent acteurs à part entière de cette expérience. C'est militer pour que les liens d'attachement se fassent correctement et qu'à terme les enfants soient plus équilibrés.

Le concept de lien d'attachement est malheureusement encore peu connu en France, et pourtant si important. Il s'agit du lien émotionnel profond et spécifique qui se forme dès les premiers moments de la vie d'un enfant avec ses figures d'attachement (souvent la mère, et le père quand il est présent et investi) et qui continue de se développer au fil du temps. Ce lien est crucial pour le développement social, émotionnel et cognitif de l'enfant. Il repose sur la confiance, le soutien et la sécurité émotionnelle.

Le concept de lien d'attachement a été largement étudié par les psychologues et les chercheurs, notamment grâce aux travaux de John Bowlby et de Mary Ainsworth. Voici quelques éléments clés pour mieux comprendre ce concept :

- **Formation précoce**. Le lien d'attachement commence à se former dès les premiers jours et mois de la vie d'un bébé. Les interactions constantes entre le parent et l'enfant, comme le contact physique, les soins, les câlins et les interactions verbales, contribuent à établir ce lien.
- **Sécurité émotionnelle**. Un lien d'attachement sécurisant donne à l'enfant un sentiment de sécurité émotionnelle et physique. Lorsque l'enfant sait qu'il peut compter sur son parent pour répondre à ses besoins, il développe un sentiment de confiance envers le monde qui l'entoure.

- **Réactions aux besoins.** Les parents qui répondent rapidement et de manière appropriée aux besoins de leur enfant, qu'il s'agisse de nourriture, de réconfort ou d'interaction, renforcent le lien d'attachement. Les interactions sensibles et bienveillantes aident l'enfant à se sentir compris et aimé.
- **Modèle pour les relations futures**. Le lien d'attachement entre parent et enfant joue un rôle fondamental dans la façon dont l'enfant interagit avec les autres et établit des relations à mesure qu'il grandit. Un lien sécurisant avec les parents peut contribuer à développer des compétences sociales et émotionnelles positives.
- **Styles d'attachement**. Les recherches ont identifié différents styles d'attachement qui décrivent les modèles de relations entre les parents et les enfants. Les styles d'attachement peuvent être sécurisants, anxieux ou évitants, et ils influencent la manière dont les individus interagissent dans leurs relations plus tard dans la vie.
- **Importance à long terme**. Un lien d'attachement sécurisant pendant l'enfance peut avoir des répercussions positives à long terme sur le bien-être émotionnel, la confiance en soi, la régulation des émotions et les compétences relationnelles de l'individu à l'âge adulte.

Présenter le père ou le coparent comme une personne optionnel, en lui imposant de reprendre si vite son rythme de travail, empêche tout simplement la création des liens d'attachement stables, solides. Cela ne signifie pas que ces liens ne vont pas se créer si le coparent le souhaite vraiment, bien heureusement. Mais honnêtement, cela complique tout à fait la tâche.

Valoriser le congé paternité, c'est aussi militer pour moins de dépressions du post-partum, pour plus d'égalité et des expériences de la parentalité plus épanouissantes.

"Le père aujourd'hui, c'est aussi un oublié du monde du travail et de l'entreprise. Il est invisible. Il subit lui aussi des discriminations, il est invisibilisé. C'est donc aussi une question d'égalité de donner aux deux parents la possibilité de ne pas avoir à sacrifier leur vie familiale et de la vivre pleinement sans avoir à sacrifier leur travail. Donc les hommes comme les femmes ont vraiment leur partition à jouer pour que la question de la parentalité en entreprise soit prise en compte de manière juste et digne.

ISMA ET CLÉMENCE

J'ai rencontré beaucoup de pères pendant les tournées ces dernières années, et une grande majorité m'ont confirmé qu'ils auraient vraiment aimé passer plus de temps auprès de leur compagne et de leur bébé. Mais malheureusement, notre système français ne leur donne pas encore pleinement cette opportunité.

"J'avais bien compris que la présence, c'était quelque chose d'important. Ma compagne aussi de toute façon, ce n'était pas trop une option dans sa vision que je ne le prenne pas. Après, il a aussi fallu faire des choix, parce qu'à la base, je voulais prendre six mois de congé parental. Et là, j'ai découvert que c'était extrêmement mal rémunéré. Et donc je n'ai pu me permettre de prendre que deux mois, quoi… Donc voilà, et c'est quand même deux mois avec zéro rémunération. Et mine de rien, c'est juste deux mois, même si j'aurais aimé que ça dure plus longtemps, c'était vraiment hyperimportant.

CÉDRIC

Il y a des pays où l'on donne l'opportunité aux deux parents de profiter de ce moment unique : le Canada, où j'ai tourné pour *Post-partum*, est un bon exemple. Là-bas, le congé total est de 52 semaines à partager entre les deux coparents. La Suède a un modèle similaire, et les Pays-Bas font aussi beaucoup mieux que nous, tandis que l'Espagne propose 16 semaines rémunérées à 100 % pour les deux coparents...

Ne plus faire reposer cette charge éducative exclusivement sur la mère, c'est aussi un enjeu d'égalité des chances comme nous le rappellent très justement Isma et Clémence, cofondatrices de Issence (entreprise de conseil) :

> Ce qui se joue, c'est aussi des chiffres, tout simplement. Ce qu'on constate aujourd'hui, c'est que le fameux plafond de verre, dont on parle souvent, c'est-à-dire que dans la carrière des femmes les opportunités professionnelles baissent à un moment donné, notamment avec la naissance d'un enfant. Donc le plafond de verre s'installe alors tout simplement parce qu'on s'est arrêté pour son congé maternité, parce qu'on nous laisse un peu moins de projets, donc moins d'opportunités. Et comme on a pris un congé parental, on perd donc un peu de salaire pendant un certain temps, puis cette courbe de salaire ne se rattrape jamais. Toutes ces choses-là expliquent que le plafond de verre commence avec la naissance d'un enfant. Je pense que c'est important d'en avoir conscience et de militer pour que les entreprises prennent conscience que ce retour de congé maternité est un enjeu d'égalité professionnelle, et qu'on peut aussi agir à ce moment-là.
>
> **ISMA ET CLÉMENCE**

Vous aussi vous trouvez que ces constats sont déprimants ? Que faire alors ?

C'est une question qui revient souvent lors des débats à la suite des projections.

Que faire ?

C'est une question à laquelle j'ai trouvé ma propre réponse. Et je vous incite à faire ce travail d'introspection qui vous mènera à formuler votre propre réponse, celle qui vous conviendra.

De mon côté, j'ai eu besoin de me renseigner en profondeur sur la société dans laquelle je vis, et dans laquelle j'ai fait naître mon fils. En comprenant les rouages, j'ai pu déterminer ce qui ne me convenait pas et identifier les axes d'amélioration afin d'essayer d'agir au quotidien, comme je le peux, pour participer à la modification structurelle des règles de ce pays.

Alors oui, on ne change pas les politiques publiques du jour au lendemain. Tout cela prend du temps, mais je crois en l'effet colibri. Je crois qu'en agissant à son échelle, avec bienveillance et non-violence, on peut participer à changer les choses. Nous sommes une génération qui a compris les enjeux sociaux cruciaux qui se jouent en ce moment, et je pense qu'il est temps de nous éveiller toutes et tous ensemble. Prendre conscience de notre environnement est la première étape d'un grand chemin de transformation. J'en suis là.

Et je remarque que beaucoup de personnes, finalement, en sont là aussi. Nous sommes beaucoup à vouloir du changement, plus de bienveillance, de bientraitance.

Nous avons toutes et tous à notre échelle le pouvoir de transformer notre environnement : j'ai vu des responsables des ressources humaines militer auprès des directions pour des changements drastiques en faveur des parents après avoir vécu un post-partum difficile ; j'ai vu des projets se monter à l'initiative de grandes entreprises comme Mustela avec la Maison des parents ; j'ai vu des entreprises financer mes documentaires sans rien me demander en retour ; j'ai vu des femmes et des hommes faire évoluer les mentalités dans les entreprises, les institutions, les collectivités.

Nous sommes beaucoup, partout, et nous pouvons agir.

CONCLUSION

Dans deux mois, Ferdi aura trois ans.

Dans deux mois, je serai officiellement sortie du post-partum. Je m'apprête à clore ce chapitre de ma vie.

J'aimerais tellement revenir en arrière, à ce 25 septembre 2020, et pouvoir murmurer à l'oreille de la jeune fille candide que j'étais qu'elle est sur le point de vivre la plus belle expérience de sa vie. Je ne lui mentirai pas : ces prochaines années feront partie des plus difficiles qu'elle ait jamais connues. Ces prochaines années vont la pousser dans ses retranchements, la faire puiser au plus profond de sa force mentale et physique, et passer chaque centimètre carré de sa vie au peigne fin : mais je voudrais surtout lui dire que tout ça n'est pas pour rien.

Je voudrais aussi lui dire : « Fais-toi confiance, écoute-toi, tu sais tout, au fond de toi. Tu sais ce qui est bon pour toi, tu sais si tu es alignée ou pas, ton corps te parle, il ne demande qu'à être entendu. Tu sais tout, et tu as la force, s'il te plaît ne doute pas de toi, tu es capable de tellement plus que ce que tu crois. »

La maternité m'a donné le courage de faire bouger des montagnes, la force de lutter pour participer, à mon échelle, à faire évoluer notre système inadapté qui blesse et détruit.

La maternité m'a permis de me retrouver et de me sentir enfin alignée, en paix avec qui je suis. Pour cela, j'ai dû abandonner tout ce que j'avais construit les vingt-cinq premières années de ma vie. Il a fallu une bonne dose de courage pour sortir de la pièce de théâtre que je perpétuais depuis tant d'années en appelant cela «vivre» : mais je ne vivais pas, tout au mieux je survivais.

Trois années de chantier après, le sentiment qui m'habite est celui d'avoir trouvé ma place.

Ma place auprès de Ferdinand, auprès de mes sœurs de lutte, auprès de celles et ceux qui ne comprennent peut-être pas pourquoi c'est important de montrer, de dénoncer et de tout changer : on le fait aussi pour eux.

J'ai le sentiment, enfin, d'avoir les cartes en main pour analyser le monde dans lequel je vis : je vois clair.

Je vois clair sur ce monde patriarcal qui doit être démantelé. Je vois la souffrance de mes pairs : des femmes, des hommes, des vieilles, des vieux et des enfants. Je vois le besoin de justice et de réparation, le besoin d'amour qui prévaudra toujours.

Je vois aussi les yeux de mon fils qui ne demande qu'à rire et à vivre. Je le vois jouer et aimer, qu'importe le sexe, la race, la classe. Tout cela, à ses yeux, n'existe pas.

Il m'a révélé le pouvoir de l'unité, de la résilience, de l'acceptation et de l'amour infini. Il m'a rebranché à la vie.

Aujourd'hui je regarde en arrière, je vois tout ce chemin parcouru, et je souris. J'imagine bien que les rebondissements ne font que commencer, mais j'ai l'impression d'avoir été mise sur le bon chemin, pour la première fois de ma vie : et ce chemin n'est absolument pas celui auquel je me pensais destinée.

Je n'aurais jamais cru pouvoir me sentir à ce point épanouie dans ce rôle de mère, en sécurité même sans la présence de mes parents dans ma vie, en harmonie dans mon couple parental, alignée dans mon travail.

Tout s'est agencé quand j'ai commencé à m'écouter et à prendre soin de moi, quand j'ai finalement accepté que j'avais de la valeur, et que j'ai osé transgresser les règles qu'on avait dictées pour moi.

Si je témoigne aujourd'hui, c'est pour montrer qu'une autre voie est possible, que les dynamiques peuvent changer si on se permet de penser autrement. J'ai le sentiment, peut-être naïf, que notre génération a le pouvoir de faire changer les choses, nous avons cette grande et belle opportunité. La révolution commence à l'intérieur : en se changeant soi, en ouvrant son cœur, en étant lucide sur le monde qui nous entoure et qui nous étouffe.

Écoutez-vous, écoutez en vous, cette petite voix qui parle en votre nom.

Et surtout, rebellez-vous.

BIBLIOGRAPHIE

Adichie Chimamanda Ngozi, *Nous sommes tous des féministes*, Gallimard, 2023.

Bastide Lauren, *Futures*, Allary, 2022.

bell hooks, *À propos d'amour*, Divergences, 2022.

bell hooks, *Apprendre à transgresser*, Syllepse, 2019.

bell hooks, *Communion*, Armand Colin, 2022.

bell hooks, *De la marge au centre : théorie féministe*, Cambourakis, 2017.

bell hooks, *La volonté de changer : les hommes, la masculinité et l'amour*, Divergences, 2021.

bell hooks, *Tout le monde peut être féministe*, Divergences, 2020.

Bourbeau Lise, *Les 5 blessures qui empêchent d'être soi-même*, Pocket, 2013.

Chollet Mona, *Beauté fatale*, La Découverte, 2012.

Chollet Mona, *Réinventer l'amour*, La Découverte, 2021.

Collectif, *Mères sans filtre*, Solar, 2023.

Fromh Erich, *L'art d'aimer*, Desclée de Brouwer, 1986.

Hancewicz Amandine, Spinelli Manuela, *Éduquer sans préjugés*, JC Lattès, 2021.

Maurice Julie, Simonet Eve, *La naissance d'une mère*, Mango, 2023.

Oriol Brigitte, *Après tout ce qu'on a fait pour toi*, Éditions L'Instant Présent, 2022.

Steinem Gloria, *Ma vie sur la route*, Harper Collins, 2019.

Steinem Gloria, *Une révolution intérieure*, Harper Collins, 2023.

Strömquist Liv, sa bibliographie complète.

RESSOURCES

Podcasts

Mon Post Partum

Papatriarcat

La Matrescence

Safeword Podcast (en anglais)

Bliss Stories

Poulet Rôti

Le Cœur sur la table

Associations

Le club poussette

SuperMamans France

Maman Blues

Pause-Partum (Nantes)

Le Nid, centre parental

Le sel dans le café (carte interactive avec tous les lieux *kids friendly*)

MON CARNET D'INTROSPECTION

“L’estime de soi n’est pas tout.
C’est juste qu’il n’y a rien sans elle.”

GLORIA STEINEM

Qui suis-je ? Suis-je alignée avec ce que j'ai envie d'être ou ai-je le sentiment de jouer un rôle qui n'est pas le mien ? Quel modèle, quelles valeurs est-ce que je souhaite transmettre à mon enfant ? Est-ce que j'écoute mon corps qui me parle ?

“Deux êtres qui s’aiment
ne font qu’un, lequel?”

NANCY HUSTON

Comment construire un couple parental solide et équilibré ?
Comment continuer à grandir ensemble malgré les tempêtes ?
Comment être vigilant·e à toujours me prioriser et à mettre ma santé mentale au centre ?

....

....

....

....

....

....

....

....

....

....

....

....

....

....

....

....

....

....

....

....

....

“Nous sommes tous fabriqués.
C’est seulement quand on l’a reconnu
que l’on peut s’inventer un peu.”

AMANDINE DHÉE

Comment accepter mon passé pour construire mon avenir ? Listez les dix traumas les plus difficiles pour vous, pardonnez-vous, et demandez de l'aide. Les traumatismes se guérissent.

“Si on veut être écouté, il faut écouter.
Si on espère que les autres vont changer
leur façon de vivre, il faut savoir
comment ils vivent. Si on veut être vu,
il faut regarder les gens dans les yeux.”

GLORIA STEINEM

Quelle est ma place de parent dans notre société ? Qu'ai-je à ma disposition pour faire changer les choses, même à ma petite échelle ? Comment être plus dans la tolérance et l'amour inconditionnel ? Comment puis-je transmettre ces valeurs et faire changer les paradigmes ?

....

....

....

....

....

....

....

....

....

....

....

....

....

....

....

....

....

....

....

....

FSC
www.fsc.org
MIXTE
Papier issu de sources responsables
FSC® C007507

Dépôt légal : novembre 2023

Achevé d'imprimer en octobre 2023
en Espagne par Graphycems